EXECUTION

Objectives and
Key Results
Realization Way

执行
OKR
就这么用

晁冠群 著

电子工业出版社
Publishing House of Electronics Industry
北京·BEIJING

图书在版编目（CIP）数据

执行：OKR就这么用／晁冠群著 . —北京：电子工业出版社，2021.1

ISBN 978-7-121-40011-7

Ⅰ . ①执… Ⅱ . ①晁… Ⅲ . ①企业管理 Ⅳ . ① F272

中国版本图书馆 CIP 数据核字（2020）第 234126 号

责任编辑：张　昭
印　　刷：天津画中画印刷有限公司
装　　订：天津画中画印刷有限公司
出版发行：电子工业出版社
　　　　　北京市海淀区万寿路 173 信箱　邮编 100036
开　　本：720×1000　1/16　印张：12　字数：172.8 千字
版　　次：2021 年 1 月第 1 版
印　　次：2021 年 1 月第 1 次印刷
定　　价：58.00 元

凡所购买电子工业出版社图书有缺损问题，请向购买书店调换。若书店售缺，请与本社发行部联系，联系及邮购电话：（010）88254888，88258888。
质量投诉请发邮件至 zlts@phei.com.cn，盗版侵权举报请发邮件至 dbqq@phei.com.cn。
本书咨询联系方式：（010）88254210，influence@phei.com.cn，微信号：yingxianglibook。

OKR 的思与辨

商业是不流血的战争，是和平时期的战争。所有的企业，在组织本质上和军队相仿——"故知胜有五：……上下同欲者胜，以虞待不虞者胜"，尤其"上下同欲"非常关键，即"组织目标一致性"。多少初创企业，死于不聚焦，死于想法太多。多少已成企业，死于各自为战，死于"组织目标不一致"。

OKR 最早由 Intel 公司制定，在 Google 公司大成，在中国的互联网行业得到广泛应用，近年来逐渐成为显学，需要深入了解。

OKR 的本质是解决组织目标不一致的问题。

OKR 为何能在互联网企业推广起来？中国的互联网企业，更多在 To C 市场，极度强调速度和创新，经过 20 多年的快速成长，组织和业务膨胀速度极快，同时也会使组织目标分散，风险程度也很高。通过对 OKR 的层层分解，保证大小团队和公司组织目标的一致性，确保各级组织发展方向不跑偏，最大限度地为"组织目标一致性"保驾护航。

OKR兼顾战略和战术，既仰望星空，也脚踏实地。OKR的实操符合完整的PDCA周期：确定OKR、公示OKR，其间对目标的状态进行跟踪，有复盘之后的打分。在其中，复盘至关重要。互联网公司的复盘文化非常值得称道，多大领导的面子都不给，值得传统企业学习。

OKR和KPI不同。OKR像指南针，用以把握大方向，适合那些不易于考核的团队，如支撑部门。KPI则像一把剑，寒气逼人，更适合易于考核的团队，如销售部门。

华为、中兴、海大宇等高科技制造企业，也有一段较快速的成长期，其确保"组织目标一致性"的负担也很重，但这些企业未用OKR而是选择了IPD/ISC+KPI。因为中国的IPD/ISC师从IBM公司，进入中国更早，对研发、供应链、市场、服务、财务等岗位的职责和考核都做了数字化、流程化的定义和闭环管理。看起来，这些To B/To G类企业的流程化做得相当好，更偏To C的互联网企业可以借鉴。

我个人理解的实施OKR的关键有四个方面。

1. 自上而下：需要管理层的强力支持。

2. 目标的可行性：遵循SMART规则和五四原则。

SMART规则为业界熟知：具体的、可衡量的、可实现的、相关的、有时间限制的。五四原则：不超过五个目标（O），每个目标（O）不超过四个关键结果（KR）。要聚焦关键目标，少即是多。

3. 目标的挑战性：玩命跳起来才能够到，通常能完成70%就算不错。

4. 强调持续改进：PDCA的"透明环"要让组织的每一个人都戴上。

"找到真正的目标、确定支持目标的关键结果、强力执行、总结与复盘、Again & again"，很多公司都是这么成功的，很多事情就是这么被成就的，枯燥乏味但又回味无穷，好像也是选择不多的道路之一，除非你不想要那个目标。

　　冠群师弟博览群书，爱思考善总结，是书痴级大神。本书中有一处极妙：高手读书的风格暗合OKR。仔细一琢磨：他及那些大神，还真的是这么读书的。

　　强烈推荐此书，希望你有所得，更有所疑和所思。

张鹏国

浙江宇视科技有限公司总裁

2020年8月13日

　　管理智慧在中国历史悠久，早在几千年前，有效管理的思想和实践就见诸史籍之中，推动中华民族不断前行。

　　20世纪初期，融合管理智慧与新兴科技的管理科学，在西方兴起，逐步成长为现代管理理论。OKR作为西方管理方法的一种，在近几年进入了中国。本书详细论述OKR的发展史、成就、适应当下、实践应用等，每一位读者都可以找到自己想要的内容。

　　我从个人成长的角度，谈谈个体成长与企业成长。

　　人类区别于其他动物的最大特点，除了会劳动、会使用工具，还会追逐梦想达成目标。人类自诞生以来，梦想和目标就一直伴随着人类的成长。为了实现同类之间的交流与合作，人类"发明"了语言文字；为了提升生存概率和改善生活环境，人类"发明"了医疗和建筑；为了提高生产效率，人类"发明"了各种设备、开发了很多能源；为了享受精神生活，人类"创造"了信仰、哲学、艺术等；人类还通过提升教育水平把精神成果一代代地传承下去。

　　纵观人类的发展史，就是一部人类不断成长的史诗。人类整体的发展史是由个体发展组成的，随着进化产生了组织和国家，组织和国家的兴盛的历史，也是由个体的成长推动的。

一个个独立的个体组成团队、公司、机构，一个个团队、公司、机构支撑国家，国家的发展和富强要靠团队、公司、机构，团队、公司、机构的成长壮大要靠每一位成员的发展。团队、公司、机构如何给个人展现的机会、公平竞争的机会，如何为成员"冒尖"提供一个宽阔的平台，让每一位成员持续成长、日益优秀？本书提供了有效的思路和方法。

期待更多的人找到自我提升的执行方法，在各自的舞台上绽放光彩，期待更多的人在未来的人生道路上持续成长，拥有美好的生活。

李忻农

江西金力永磁科技股份有限公司董事

江西恒玖时利电传动系统股份有限公司董事长

江西玖发新能源汽车有限公司执行董事兼总经理

2020 年 8 月

"执行"助力成功，生活越来越精彩

为达成自己的目标，人们从"目标管理"一路走到"目标和关键结果"管理。人们相信这样会带来舒适的家庭环境、整洁的工作环境，以及明确的成功方向。但是，不少人还是觉得不尽如人意，问题出在哪里呢？

作者晁冠群的新作《执行：OKR就这么用》告诉我们：学会执行，坚持执行，目标才会实现，从而获得成功。

表面上看《执行：OKR就这么用》一书提出一个问题，OKR推行中往往被人忽略的是执行环节。但是仔细读下来，才发现本书从OKR的发展、要点详述，到详细案例，用连贯的思维体系和精彩的故事体系，呈现给读者一个执行OKR的实践大餐。

企业向管理要效益，管理的核心在于每一位成员的个体管理意识和水平的提升，这一点往往被忽视。不少企业花费大量的人力、财力去制定目标，锁定关键结果，产出却不理想。原因之一就是缺乏团队成员参与管理这一基础，团队成员对于管理无感、漠视，甚至敌视。本书精准定位这一核心问题，将管理具体落实到了个人，让每个人都能感受到执行OKR方法带来的改变与提升，从而做到汇聚众人之力，作用于团队和企业，带来全局的结构性改善。

相信读过这本书之后，很多朋友的信念之火会燃烧得更旺，更多人将实现自己的目标。

彭继勇

中国数字图书馆数字发行事业部总经理

2019 年 11 月

前言

民贫，则奸邪生。贫生于不足，不足生于不农，不农则不地著，不地著则离乡轻家，民如鸟兽。虽有高城深池，严法重刑，犹不能禁也。

——晁错《论贵粟疏》

为什么有人会贫穷？原因诸多，对于个人来讲，绝大多数贫穷者都是执行的"低手"；对于团队和企业来讲，没有做出应有的成果，所以轻则待遇不高，重则企业衰败，于是影响到了个人。企业做不好的原因也有很多，其中管理是大问题。

如何能管理好企业？这个问题困扰着企业老板、企业高管、企业员工，管理好的企业大家都受益，管理不好的企业大家都被坑，而且企业管理出了问题，连锁反应会延续到家庭和社会。为什么大多数企业管理总是出现问题？国外的企业优势在于发展时间长，管理方法多样而先进；劣势在于整体文化积淀不够，有管理方法但是没有提升到管理文化，表现形式就是企业追逐利益而没有担当，危机抵抗力不足。国内的企业优势在于发展时间短，管理方法的条条框框没有禁锢思想，管理上的负担少，抗风险能力强；劣势在于没有吃过管理的"苦"，更没有享受到管理的"甜"，所以对管理的重视不足。

如何指导国外企业做好？在那些国外企业没有被国内企业收购前，我是没有动力的。与国内的朋友交流探讨如何让我们的企业做得更好，我是十分有动力的。

当下的经济已经全球化了，想做好管理，就要有睁开眼看世界的格局和能力。经过近20年研究实践国内外管理模式，我找出了一些适合我们国家企业管理的方式方法，将其赋能到当下最火的OKR管理上，抛开之前很多引进版管理书籍的定式，分为最高管理者、中层管理者、企业成员三个视觉维度，将管理的方式和思维清晰呈现给对应的所需者。

前些时间出版的《OKR战胜衰退》是聚焦于最高管理者，核心在于管理的重要性及管理问题的严重性，树立最高管理者要一以贯之执行管理的信心。

本书《执行：OKR就这么用》是面向企业成员的，管理不只是领导一个人的事情，平台是成员价值重要的组成部分，企业平台提升，自我价值增速更快。期待所有企业成员都心中有火，眼中有光，脚下有路，稳健前行，梦想就在不远处！阅读本书，让它助燃你心中的梦想之火，让我们一起做追梦旅程的行者，走过一座座里程碑，完成一个个关键结果，达成我们的目标吧！

群山修竹茂如海，可冠英豪青史名。

晁冠群

2020 年 3 月 7 日

目录

从一个小目标开始

讲一讲 OKR 的历史和由来

看一看 OKR 创造的战果

时代的共鸣，OKR 多么符合当下

先说 O，如何找到真正的目标

第六章 06

再说 KR，如何确定支持目标的关键结果

第七章 07

关键在执行

OKR 执行结果的评分和总结

登上成功巅峰，定制下一轮 OKR

OKR 实战案例

从一个小目标开始

2019年12月31日清晨，随着太阳升起，窗外逐渐明亮起来，瑟瑟北风中，2019年冬天不比之前的冬天温暖。我轻轻地合上手中的书，再一次审视封面，图片中李昌钰先生的面庞依然刚毅严肃，《让不可能成为可能》这本书读完了，这是在2019年结束这天我读完的。打开电脑，选择我的2019年读书OKR表，记录上这本书，同时也对我自己的2019年读书OKR（Objectives and Key Results）做一个总结。最近十年来我每年的读书目标都是读完100本书以上，近五年来提升至每年读完150本书以上。2019年度我共读书181本，其中重温的书籍一套算一本（这是早就制定的关键结果，担心"温故"多了"知新"动力不够）。2019年读书目标超额完成，这已经是超过年读书150本的第二个年度了，如果2020年底依然能完成年读书150本以上的话，那么2021年我读书的OKR就要提升额度再行制定目标了。

OKR近些年说得很多，OKR管理方法可不仅仅是用来制订读书计划的，我从十年前开始研究和实践OKR管理方法，已经将其应用于工作和生活的方方面面，同时也指导很多人和企业实践OKR管理方法，走上自我能力提升和成功的道路。接下来的章节我会和大家一起从零开始，了解和学习OKR管理方法，并循序渐进地执行OKR管理方法，对我们的生活和工作进行能力提升，同时帮助你所在的团队进行能力提升。

口中千言，路在脚下，让我们先从如何读完这本书这个目标开始，通过掌握读书方法、高效读书这些关键结果，再到学习OKR管理方法对自己进行能力提升。接下来，让我们开始执行吧。

一、从读完这本书开始

从烽火示警、飞鸽传书到电报通信用了几千年，从电报到有线电话用了将近40年，从有线电话到手机用了将近100年，从功能手机到智能手机用了不到10年，我们正身处在一个发展速度前所未有的时代。适应时代的生活和工作是绝大多数人生存的必要条件，近年来，一种管理方法在世界范围内被推广开来，很多人和企业因此变得更好。这就是OKR，即目标与关键结果法，我就本书来和朋友们一起从零开始一步步了解与掌握OKR的理论和方法。

我们先定下一个小目标，就是把这本书读完，本章确定一个关键结果，就是教会大部分人如何在一周内阅读完一本书（当然最好是本书）。

在当下这个终身学习的时代，读书可以说是最基本的技能了。以一年为周期，用数量来计量：

1. 读书10本以下，读书的方式方法有很大的提升空间，迫切需要学习和练习；

2. 读书10本以上50本以下，读书的方式方法有提升的空间，需要学习和练习；

3. 读书 50 本以上 100 本以下，读书的方式方法已经合格，可以寻找优化的方向；

4. 读书 100 本以上，你已经非常优秀了，如果没有相互切磋水平想法的话，可以考虑跳过本章。

我持续多年每年读书 100 本以上，近 10 年来将 OKR 的管理方法带入读书，体悟更好。下面我用自己的方式来帮助有需要的朋友如何在一周内读完一本书，并且坚持下去，每个年度都有 50 周以上，你学会并坚持执行的话，起码能做到每年阅读 50 本书。

这里我们先说说很多人，不仅在一周，甚至更长时间内，都无法读完一本书，他们通常会犯的错误：

1. 同时关注太多本书，一本书没看完就想去看其他的书；

2. 每一次阅读的时间过短——15 分钟以下都算短；

3. 读书完全不和别人沟通交流，思路越来越狭隘，眼界越来越窄；

4. 太注重所谓的"专家"推荐，对着一堆不适合自己的书，意兴阑珊。

我轻易不给他人开书单，偶尔开也是因为掌握了对方的信息，有机会可以看看我开的书单，基本上能因人而异，很少有重复的。

想学会持续每周读一本书的本事，第一个目标（O）就是具备给自己开书单的本领，这个本领的关键点在于了解自己的知识结构、文化层次、当下职业、职业规划、家庭状况。有了这些信息后就能有针对性地列出月、年的读书清单，这样就达成了支撑目标的关键结果（KR），同时在茫茫书海中做了减法，比如说你现在45岁，并非教育行业，自家和周边的孩子都已经上了初中，除非你想要二胎或者转行教育，否则小学生教育和心理相关的书籍都不必列入你的书单。

刚刚说的月、年的书单，这个时间周期就符合大多数人的周期了，书单时间范围不建议太长，否则选入其中的书籍的时效性和版本就会有问题。一旦开始更改书单，计划也会随之被破坏。

二、应用OKR一周读完一本书

我们日常读书，基本是学习成长和享受两大目的，当我们设定一周内读完一本书这个目标时，首先要测试和了解自己的阅读速度。基本上正常人专注阅读的话，每小时阅读4万中文字数是无压力的。我们降低一点要求每小时3万字。普通300～400页的书籍除了特例，基本上实际字数在6万～20万字之间。以一周七天每天都最少留出一小时阅读来计算，其实绝大多数人每周阅读一本正常字数的书，还是难度不大的。

这里我们为这个目标设定几个前置准备事项：

1. 第一个阅读年，不要加入超过400页、字数超过30万的书籍，除非你测试过你的阅读速度超过一般人一倍以上；

2. 根据你学习成长和享受的目的均衡设定书单，一定要用心，最好用一周的时间来遴选书籍，最少准备一个季度的量，也就是12本书，最好学习成长和享受内容的书籍各占一半；

3. 在你的住所打造一个阅读空间，用几次每次为期一小时的阅读来测试，把影响你阅读的事物都设法屏蔽；

4. 购买你选择的这12本书，用心选择版本，并准备一个好用的笔记本和一支好用的笔。

好了，现在我们就可以开始正式阅读书籍了。

首先我们定下支撑学习成长类书籍，每周阅读一本书的关键结果：

周一：分析书籍，通过阅读前言、推荐序、目录，思考和了解书籍的内容概要、思路框架，画出认为对自己目前有用的重点章节；

周二：分析作者，查询此人其他作品，评估后续有无知识点可以相应补充，并开始阅读重点章节；

周三、周四：完成重点章节阅读；

周五：根据重点章节内容拓展阅读；

周六：查缺补漏，快速浏览其他章节；

周日：总结此书阅读，画一个思路图，评估收获，考量后续是否有重读的必要。

支撑阅读学习成长类书籍的OKR

目标（O）	关键结果（KRs）	完成时间
每周读一本书	KR1：分析书籍	周一
	KR2：分析作者	周二
	KR3：完成重点章节阅读	周三、周四
	KR4：拓展阅读	周五
	KR5：查缺补漏	周六
	KR6：总结	周日

然后定下支撑阅读享受类书籍，每周阅读一本书的关键结果：

周一：分析书籍，通过阅读前言、推荐序、目录，思考和了解书籍的内容概要，按情节分成阅读量大致相等的四部分；

周二、周三、周四、周五：完成此书阅读；

周六：分析作者，如果喜欢此书可以考虑本书作者的其他作品，如果不喜欢可以找此人评价最高的作品进行后续阅读，验证此人作品在你书单中的去留；

周日：总结此书阅读，画一个思路图，回味感受，考量后续是否有重读的必要。

支撑阅读享受类书籍的OKR

目标（O）	关键结果（KRs）	完成时间
每周读一本书	KR1：分析书籍	周一
	KR2：阅读	周二、周三、周四、周五
	KR3：分析作者	周六
	KR4：总结	周日

以上是我总结出的读书方法，分享给了很多朋友，收效还是不错的。各位读者如果每年阅读量暂时还没达到50本书，可以试试我的读书方法。只要你按此方法坚持下去，很大概率能提升你的阅读速度和质量，可以从这本《执行：OKR就这么用》开始。

三、没有OKR之前为什么做不到

读书并非一件很困难的事情，但确实有很多人为读书慢、读不完烦恼，引入OKR方法后就会变得很简单。

那么在没有用OKR方法之前为什么做不到呢？

首先是没有事先的准备，"磨刀不误砍柴工"，做任何事情，事前的准备都是尤其重要、决定成败的。

很多朋友或者看到他人读书，或者突然意识到学习成长的重要性，马上去书店或者图书馆找回一堆书，信誓旦旦要很快读完它们，但是大部分的结果是书籍被束之高阁，发誓读书的那个人又去发别的誓言了。

OKR方法的精髓之一就是订立目标前的准备，这点会在后面章节详细讲述。简单说，人的精力和时间都是有限的，如果没有准备就开启一个个目标，那么一定是累成狗也完不成的。

这个时代是终身学习的时代，这一点已经确认无疑，读书是最有效的学习手段，这一点也确认无疑。那么每年阅读一定数量的书籍，也就成为必须完成的目标。对于绝大多数人来说规范的作息更有益和有效，我们把读书这件事也加入我们的日常事项表，规划好事项的比重，这样就开始逐步用OKR方法来管理，按适合自己的模式坚持下去。

对于书籍的选择也要引入OKR方法，通过评估自己的阅读速度和分配给阅读的时间，确定自己每年大概的阅读量。根据自己目前工作和生活状态去选取这个数量范围内的书籍，这样才能基本保障阅读目标完成且开卷有益。比如你的阅读速度略微慢于一般人，但是非要一年之内阅读完《二十四史》加《大英百科全书》，那么除非其间你找到方法使阅读速度增加十倍以上，否则大概率无法完成目标；再比如你是职业体操运动员，却去阅读相扑选手的身材管理书籍，这确实是你知识和见识的盲区，除非你决定改行，否则这些知识和见识，对你的工作和生活不仅无用甚至会有副作用。书读不完，读了没有用，以后是不是就不会再读了？你没有问题，书也没有问题，只是有很多时候很多人在读对他们没有效果和没有益处的书，所以读书就成了痛苦和浪费时间。我们应用OKR方法有效和有益目标的思路就能帮我们做优选和减法，快速找出那些让我们身心愉悦、开卷有益的书籍，把那些暂时没必要的书籍筛出去。

在OKR方法的指引下，需要读完的书对现阶段的你，或者是带来轻松快乐，或者是带来成长收益。这个书单目标是不是值得付出时间和努力去完成呢？在逐步践行中，你的眼界会不断开阔，信心也会不断坚定，最终成长为学习、工作、生活的高手。

四、高手读书的风格暗合OKR

我规范化地遵循OKR方法读书、工作、生活至今已经有10年了，阅读量从没有应用OKR方法前的每年100本书左右，增长到150本左右，每本书读后的思考也较之以前的兴趣和感性认识，增加了逻辑和理性的认识，阅读能力确实有了不小的提升。

三千大道纷繁路，殊途同归，当我们去观察优秀的企业时，发现它们有的已经开始正式应用OKR，比如英特尔、谷歌、华为、海尔等，也有很多企业无师自通，行事和管理暗合OKR，比如Facebook、海底捞等。

说了企业，我们再说说个人高手。我认识很多高手，其中读书和做事都特别厉害的，首推八年前我结识的一位朋友，他能够保证连续多年平均每天读一本书，并且都是纸质书，在这些年还不停出差，业绩特别好，最好的一年他带领自己的团队给集团签了上亿元的订单。从我们相识起，多次切磋他的业绩是如何达成的,他的方法是每一年在年底用将近一个月的时间来总结这一年,深度剖析自己工作和成长的得失,包括自己的工作与生活之间的关系,总结完之后,投入大量时间去预估下一年的工作重点和行业变迁,还包括个人和家庭状况。每次和他交流,都明显感觉对面不仅是一位一直在前行的行者,而且也是一位与时代肩并着肩、手挽着手一起往前奔跑的高手。我们相识的八年他都是这样奔跑着前行,在五年前我们一次聊天中,我讲了OKR最近的研究和实践,他从中听出了兴趣,正好我也想分析下自发的规范成长能否通过OKR方法进行优化提升。我们花了一些时间来列举和对比,他的学习、工作和读书,各项基本上已经有朴素的OKR方法的痕迹了,只是一些逻辑顺序和细节还有些差异。我提供了手头所有的有关OKR的书籍资料及我的研究实践报告(基于保密和职业道德当然是把敏感信息隐去了),他足足用了一年的时间领悟和实践,后面三年我能从交流中明显感觉到,他已经把本能和经验同OKR方法有效地结合起来,从我了解的数据来看,他这三年读书数量和工作成果并没有特别大的提升,但是对应2016—2018年的复杂全球经济形势,能做到业绩整体不下降,水平是只涨不落啊!同时明显看出他朋友圈晒的厨艺和遛娃次数"增长"了很多,显然生活更滋润了,和我们这些朋友聚会的频次和时长也增加了。终于在2019年底看到他晒出的本年度读书数量为128本,虽然明知道论书籍分量和思想强度是超过我的,不过这么多年终于能够在数量上胜过好友一次还是很高兴的(2019年我的阅读数量为181本),接下来他发的朋友圈让我服气地说:"这是高手!"他2019年撰写了三十篇学术、技术论文,每篇要是出版的话,最少也是正常字数的书籍了。

受邀参加这位朋友所在集团的年会，由于当天有几个场要赶，我只待了30分钟，和他们几个朋友小酌了几杯，看到集团先进名单上他的名字依然靠前，就知道他的业绩依然优异，其间他和我说："OKR是个好方法，我已经向老板推荐了，来年你的书出版，我送给他一本，希望集团能整体应用。我的团队已经用了一段时间，年后看看你的时间帮我细化下内容。"帮助个人和企业通过OKR方法实现成功正是我所愿，欣然同意后，我就赶往下一场了。

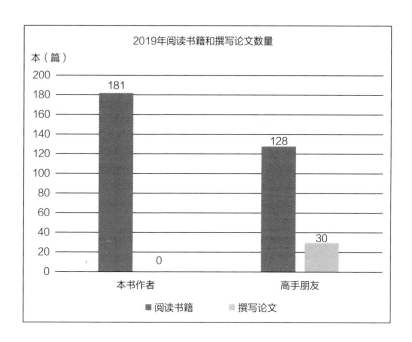

几年前在很多人看来，这位朋友在多个方面已经到了极限，但是通过执行OKR方法他实现了极限突破，可见不仅高手行事暗合OKR，同时系统学习领悟OKR方法后，很多高手还有百尺竿头更进一步的机会。

五、用正确的方式读完这本书

回到本书，OKR 的确是一个很不错的管理方法。但是毕竟这个方法体系是舶来品，其中会有一些外来文化的印记。在之前的那些年，我们引进过众多管理思想和方法，有成功也有失败。经过我 10 年的研究实践，本书中给大家讲述的 OKR 方法是有一些调整的，简单来说就是考虑到国情、文化、人员等方面的因素，中西结合，这样对于在国内工作和生活的各位，实用性和适用性更强。主要体现在目标制定前的准备、目标的识别、关键结果锁定、关键结果执行、OKR 评分、OKR 持续制定等关键环节，大家在阅读时可以关注一下。

有些读者朋友可能怀疑，这样的调整是否会对理解使用 OKR 方法产生偏移，这点大可放心，核心理念没有改动，一些点进行适应性调整，是不会影响整体的。而且我们的优秀企业也从三四十年前追赶世界先进企业，引入先进企业管理理念，获得发展和壮大，如今已经成为世界一流企业，形成了自主管理理念，对其他国家先进企业的管理理念从学习发展到参考。在这个前提下，不管是什么样的企业管理思想，都要适应我们本土的企业。

华为在多年前引入西方管理方法时，采取的战略是先僵化接受，再固化应用，最后优化提升，其取得的成就在世界范围内有目共睹。在实施 OKR 管理方法上，国内从 2009 年起就有包括本人在内的一批人，进行了研究和实践，现在的成果在个人和团队应用时，已经可以简化僵化和固化的过程，快速应用优化后的成果。

有的读者朋友在阅读本书前没有接触过 OKR，有的读者朋友对 OKR

有所了解，我建议大家阅读本书时，先按书中的思路和方法，把这本书浏览一遍，之后再实践和自由发挥。因为读书想要有所得，关键的一点就是阅读书籍的时候，先暂时放下成见和已经有的知识，这样才能最大限度地吸取书籍内容。有一句对无数读者造成负面影响的话：批判性学习。这句话本身是正确的，但是相当于武侠小说中说的武功最高境界：手中无剑心中有剑、无招胜有招。这是给高手更上一层楼用的，但是很多初学者和还没有掌握阅读方法的人，也这样操作，就会发现读书无用了，因为什么也读不进去、记不下来。

衷心地希望还没有坚持超过三年，每年读50本书以上的朋友们，先不要着急批判性地阅读，从本书开始的50本书，先把怀疑和否定放下，把这本书和这些书的内容，先在你心里面沉浸一遍，相信你会有所得。等到你坚持了几年，读书有一定数量了，也提高了你自己的阅读和学习水平了，那么再考虑是否开始使用其他方法。

接触OKR之初，我也是先接纳这个方法的方方面面，在后续的研究实践中，因地制宜，逐步细化和优化成本书叙述的样子。希望大家在阅读使用后，也能找到最适合自己的方式。

好，那接下来我们就开始认真地阅读这本书吧。

讲一讲 OKR 的
历史和由来

一、OKR 的前世

讲述一个故事，普遍的开头都是"在很久很久以前……"，介绍 OKR 也是如此，绝大多数人认为 OKR 是新兴的管理方法，认为 OKR 起源于 20 世纪 90 年代的谷歌，而事实上它的历史是要再往前追溯到 20 世纪初。OKR 是融合了一系列理论框架、方法和哲学思想的产物。在 20 世纪初，由于工业规模的再次扩大、生产效能再次提升，原有的管理方法逐渐无法驾驭企业，弗雷德里克·泰勒（Frederick Taylor）做出了重大贡献。泰勒是当时新兴的科学管理领域的先驱，他首次把严谨的科学引入管理领域，并展示了这套方法是如何显著地提升效益和生产率的。

接下来在 20 世纪 20 年代进行的另外一项实验中，研究人员发现了后来被命名为"霍桑效应"的事件。在芝加哥郊外一个名为"霍桑"的工厂里，研究人员研究照明条件对工人绩效表现的影响。研究人员最初认为，随着工厂照明条件的改善，工人的生产率必然会随之提升。但事实却不是这样，研究人员查出，工人绩效的提升是因为他们感觉受到了公司的关注，从而提高了工作积极性。在这个时期，大多数研究都聚焦在调整各种工作环境因素，寻找提高生产率的方法上，却忽视了员工这个最基础、最重要的因素。

毕竟当时还处在现代管理学的萌芽期，各种实验思路层出不穷，但是在那个科技水平、动力供应、企业规模都成倍速"增长"的时期，时代还是在呼唤更好的管理方法。

在时代千呼万唤下，彼得·德鲁克（Peter Drucker）终于出现，彻底改变了当时混乱的状况。

德鲁克被很多人尊称为"管理思想之父"，他为现代商业组织建立起管理学的标准和理论基础。他出版的30多本著作大多数至今还被人奉为经典。其中1954年出版的《管理的实践》，虽然没有直接讲出OKR，但是已经为OKR完成了全部的基础工作。这本书中有一个三个石匠的故事。在这个故事中，有人问三个石匠他们在做什么。

第一个石匠说："我在养家糊口。"

第二个石匠边敲边答："我在做全国最好的石匠活。"

第三个石匠自信地回答："我在建一座大教堂。"

第一个石匠只是在做工作，第三个石匠有梦想。但是德鲁克的主要关注点在第二个石匠身上，他关注的是自身专业水平的提升——做全国最好的石匠。对于管理者来说要有第三个石匠的视角，对于想成长的人来说要有第二个石匠的视角，成功的管理就是把两者关联起来。

不过要注意的是，专业水平的高低与贡献没有必然联系。德鲁克很担心现代管理者在评估员工绩效时，并不是评判其对公司的贡献，而是依据他们个人的专业水准的高低。他写道："随着技术的不断变革，这种危险将会加剧，企业中受过良好教育的专业人员将急剧增加……新技术需要这些专业人员更紧密地合作。"要注意到，德鲁克写这些内容的时候，可是在1954年啊！他非常有预见性，认识到了专业人员将成为现代企业的一个显著特色，并很快意识到这种变化会让专业人员专注于个人成就而非企业的整体目标，这是很危险的！

为了应对这种挑战，德鲁克提出了一个名为"目标管理"的框架模型，简称MBO（Management By Objectives），这就是OKR的前身。

德鲁克概述了这个框架模型：

从"大老板"到工厂领班或高级职员，每位管理者都需要有明确的目标，这些目标应当指出其所管辖单位应该达成的绩效，说明他和他的单位应该做出哪些贡献，才能帮助其他单位达成其目标。与此同时，目标还应指出管理者期望其他单位做出哪些贡献，以帮助他实现自己的目标……而这些目标应当都是源于企业的整体目标。

德鲁克持续不断地倡导，既应关注短期目标，也应关注长期目标。因此，目标既应包含"有形"的经营目标，也应包含像组织发展、员工成长、劳动态度及社会责任等"无形"的目标。"无形"这一点是德鲁克极具预见性的又一例证。在他之后又过了40年，"无形资产"才被包含到企业的绩效管理系统之中（平衡计分卡）。

由于德鲁克当时在管理界已颇具知名度，他的这些观点对美国企业的董事会和高管们具有很强的影响力。这些管理者竞相在自己企业内创建MBO体系。很不幸的是，由于管理学思想刚刚成型，太多的企业家还没有管理学的概念，没有理论基础的支持，也没有标准化的实施应用。这些MBO实现形式五花八门，很多都偏离了德鲁克当初设计这个框架模型的初衷。这些企业因急于求成而犯的重大错误，是把原本应该管理层高度参与的活动，做成了一个自上而下的僵化的官僚运动。高层管理者把他们的目标从企业层面向下强制推行，而不管这些目标应当如何才能被有效执行。还有很多企业错误地把这个过程看成是一个固定过程，以年度为单位在企业开展目标制定——如果在蒸汽动力时代这是行得通的，它同当时的市场和外部环境是匹配的。但是在20世纪中叶，企业所面临的外部市场环境已经发生了翻天覆地的变化，企业必须对市场和外部环境的变化做出快速反应。不过直到现在还有企业在制定目标时，不是采用一种反应更敏捷的目标制定节奏，而是目标制定后就"束之高阁"，对其不闻不问。唉，时间过得很快，总是有跟不上时代的企业。

在德鲁克的愿景中，企业通过MBO能很好地促进组织内跨部门协作和激发个人创新动力，确保组织内所有员工的目标同企业整体目标保持一致。然而在具体实践中，很少有组织能做到这些，致使MBO遭受大量批评，同时，关注单一的目标，确实还需要其他方面的支撑，OKR在此时就应运而生。

二、OKR的今生

太极拳的创立，可以追溯到元朝和明朝政权交替期的一代宗师张三丰，但是太极拳创立后的几百年，一直被默默地在河南省温县陈家沟隐秘传承，直到清朝一代高手杨露禅凭借太极拳，在京师闯出"杨无敌"的名号，太极拳才为大众熟知，成为世界知名武术之一。

OKR也是如此，在彼得·德鲁克的MBO备受质疑时，很多远见卓识者，敏锐地看到了MBO的优势和价值。但是还差那么一点点，这个管理方法究竟还需要补充哪些内容呢？

这时实战高手出现，将 MBO 升级到 OKR，拨云见日，从高深学问到实战应用，OKR 立刻就展示出它的锋芒。

这位实战高手就是安迪·格鲁夫（Andy Grove），作为硅谷的著名传奇人物，安迪·格鲁夫在1987—1998年间任英特尔（Intel）公司 CEO，在他带领下英特尔从一家存储器芯片制造商成功转型为全球微处理器领域的霸主。曾几何时，说到中央处理器（CPU），在世界绝大多数人的认知中只有两个品牌 Intel 和 AMD。由于定位的不同，在普通消费者心中对 Intel 的认知远远超过 AMD，时至今日虽然在手机端有了更多厂商加入，但是在台式机、笔记本电脑、服务器等领域，Intel 依然稳稳地坐住超过半壁江山。

再说回 OKR 的诞生，格鲁夫是一名实战经验丰富，远见卓识的商业人士，他对 MBO 推崇有加，将它引入英特尔公司作为其管理哲学的基础组成部分，并且结合自身经验对 MBO 框架模型做了一些修改，把它转变成了今天我们绝大多数人所看到的 OKR 框架。在格鲁夫看来，一个成功的目标系统需要回答两个基本问题：

1. 我想去哪儿?

2. 我如何调整节奏以确保我正往那儿去?

第2个问题虽看似简单，但在实战上做出了关键支撑，使得 OKR 成功登上历史舞台，它就是后来广为人知的"关键结果"（KR），它被附加到"目标"（O）中成为整个 OKR 框架必不可少的一部分，至此 OKR 管理方法正式出现。

格鲁夫应用 OKR 的宗旨是要促进"聚焦"。

他认为："和其他公司一样，我们因不会拒绝而成为自己的牺牲品——我们的目标太多了。可是，我们必须认识到，如果我们什么都想做，就会什么也做不好。少量经过仔细甄选的目标，会清晰地传达出我们希望做什么，不希望做什么的信息。如果 MBO 系统要能运转起来，我们就必须这么做。"

基于企业实践，格鲁夫不仅限制了目标的个数，还对德鲁克的 MBO 框架模型做了一系列重要调整。

首先，他建议用更快的节奏去设定 OKR，推荐季度甚至是月度，后续缩短到每星期。这是为了快速响应外部变化，同时也是想把快速响应的文化深入组织内部。格鲁夫坚持认为，员工提出的 OKR，不应被视作白纸黑字的"正式文件"去限制员工的"发挥"，不能让 OKR 陷入员工绩效评估的战场，他认为 OKR 仅仅是员工绩效中的一个"输入"。

其次，另外一个优化提升 MBO 至 OKR 的关键思路，是 OKR 兼顾了自上而下和自下而上两种方式（在接触 OKR 之初，我们很有可能忽视这个双向思路，这是 OKR 的核心价值，千万要重视）。正如前面提到的那样，德鲁克在他的 MBO 框架模型中描述了这种机制，只是很多组织由于固有的职位层级思维，抛弃了这一点！但格鲁夫不仅没有抛弃，还把这一点作为 OKR 的核心和重点，结合多年的实战管理智慧，他清楚意识到员工主动参与的天性，可以培养出员工良好的自我管理能力并"提升"其动机和水平。

最后，格鲁夫明白在 OKR 中强调目标要有挑战性的重要性。

他认为：当挑战并非自发产生时，管理者需要创造一个这样的环境去孵化它。举例来说，在 MBO 框架模型中，目标应当被设定得非常有挑战性，这样即使员工（或组织）竭尽全力，也只能有一半的成功机会。当每个人都努力地去超越自己的现有水平时，结果一定会不同凡响，哪怕这意味着有一半概率会失败。如果你想要你和你的下属达成巅峰绩效，这种目标设定机制就尤其重要。

虽然在这时格鲁夫还在强调和论述MBO，但OKR已经完整成型。我们花一点时间来对比分析下MBO和OKR，毕竟OKR从2013年起才在世界范围走入更多人的视野，而早在多年以前很多外企和合资企业等管理先进的企业，就应用过MBO，不管当时收效如何，了解两个管理方法的异同，更方便我们应用OKR。

其实从方法的初心来说，MBO和OKR只有一点不同，就是OKR在目标实现的思路中，加入了关键结果执行，能更清晰、更有序地去实现目标。同时由于加入了关键结果执行，不管在目标完成过程中还是后续完成相同目标时，相应的过程和方法的优化，以及错误的避免，都可以迅速体现出来。所以从根本上说OKR是MBO的升级发展，并非完全革新。

但是我们也要分析下之前MBO的应用为什么会出现问题，我们在应用OKR时要注意哪些方面？

1. MBO虽关注目标，但是没有细化到实现目标的关键结果执行，所以在应用中，会出现目标方向偏移、顺序错乱的问题。我们在应用OKR时要避免这个问题；

2. 由于在推行MBO时，大多数企业和企业家还走在成熟的路上，所以太多人忽略了自上而下和自下而上双向通道，目前有一大批企业和企业家已经成熟，在应用OKR时千万不要忽略这点，这是OKR方法"远见"和"务实"的基础。当然不断会有新人创业、有新企业诞生，如果能够在个人成长之初、企业创立之初就拥抱OKR，去切实执行，那么相信你走上社会所创立的企业目标也会更快达成，你的初心也更能"贯彻"下去。

第三章 03

看一看 OKR 创造的战果

一、OKR 在国外的战果

现在大家都知道安迪·格鲁夫的大名，他出生于匈牙利，犹太裔，现在在美国是知名企业家，是英特尔公司主要创办人之一，在他主导下英特尔公司在1980年到2000年间创造了辉煌业绩。安迪·格鲁夫的"封神一战"是在1998年1月5日，这是他一生中最辉煌的时刻，在英国王妃戴安娜、克隆绵羊多莉之父伊安·威尔马特和美联储主席艾伦·格林斯潘等风云人物后，安迪·格鲁夫成为《时代周刊》新一届的年度世界风云人物。再加上1997年英特尔公司傲人业绩的加持，安迪·格鲁夫登上了人生的巅峰。

支撑安迪·格鲁夫走到这一步的核心关键点正是OKR！而无巧不成书，这些年燃爆全球的IP《海贼王》，在1997年开始连载。还记得《海贼王》的开篇语吗？

权力！名声！力量！曾经拥有世界上一切财富的男人——海贼王，哥尔·D. 罗杰，他在临刑前的一句话，让全世界的男子汉们趋之若鹜奔向大海，"想要我的财宝吗？想要的话就全部给你，去找吧，我把我的一切都放在了那里！"全世界的男子汉们都来到了伟大航路，大海贼时代来临！

《海贼王》从寻找财宝开始，主人公蒙奇·D. 路飞（Monkey D. Luffy）的梦想是找到传说中的财宝，成为海贼王，让《海贼王》燃爆世界的原因，是其中有梦想和为梦想拼搏的人比比皆是，在他们的努力下一个个看似遥不可及的梦想，逐渐有了实现的可能。

在1997年，安迪·格鲁夫也把他最丰厚的财宝，放在了某个地方，供有梦想和有干劲的人们去寻找、获取。

我们先来看看这份财宝有多么丰厚。

得到并使用这份财宝，英特尔公司成为年销售额超过500亿美元的行业"龙大老大"，1985年英特尔公司陷入困境，英特尔公司的主营内存业务市场份额，被日本企业凭借低价高质策略不断侵蚀，日本企业还进一步获得了本国政府、财团的投资支持，而英特尔公司已经连续6个季度出现亏损。安迪·格鲁夫与董事长兼首席执行官摩尔经过痛苦的抉择，最终他们决定放弃内存业务，并把新的战略目标定位在处理器上，在当时，处理器业务在英特尔公司一直被视为副业，研发也只是在英特尔公司的一个旧工厂的角落里进行。

为贯彻新的战略定位，安迪·格鲁夫亲自指挥这场英特尔公司历史上最关键的战役，他提出"只有偏执狂才能生存（意指危机感）"并把德鲁克提出的目标管理思想付诸实践，并发明了iMBO（Intel Management By Objectives，英特尔目标管理法），后来正式命名为OKR。设定挑战目标之后更为重要的是如何落地，英特尔公司每年、每季、每月，甚至每两周应用这一管理工具，制定出结合摩尔定律的领先研发及生态营销的策略，一路狂奔并将竞争对手远远甩在身后。现在我们都知道这份财宝是什么了，它就是OKR，而每年500亿美元只是财宝的一小部分。

我们知道英特尔公司的总裁安迪·格鲁夫是彼得·德鲁克的忠实粉丝，他深受彼得·德鲁克的管理思想的影响，并将其发扬光大，在探索如何管理知识型员工，如何促进员工创新的实践中，他创立了一套系统的OKR管理方法。OKR的管理方法成就了英特尔公司的创新和快速发展，奠定了英特尔公司行业霸主的地位，同时也深深地影响了一代英特尔人！其中包括一个在1974年加入英特尔公司，主要负责产品开发、市场与销售的约翰·杜尔（John Doerr）。说道OKR这个财宝的价值，他也是不可或缺的关键人物，我们看看他体现了财宝何等的价值。

约翰·杜尔把OKR引入了谷歌公司。杜尔是当今极具价值的硅谷风险投资公司凯鹏华盈的合作伙伴。他在职业早期供职于英特尔公司，有机会零距离聆听安迪·格鲁夫的很多内部管理讲座，其中杜尔认为最有价值和潜力的就是OKR管理方法，所以直到今天，他仍在持续不断地向其他企业推荐它。

在杜尔力推下，拉里·佩奇（Larry Page）和谢尔盖·布林（Sergey Brin）在企业发展早期就贯彻应用OKR，这两位就是现在广为人知的谷歌公司的创始人。约翰·杜尔曾经回忆他把OKR介绍到谷歌公司的情景。

投资谷歌后不久，我们通常会围坐在大学路（University Avenue）一家冷饮店楼上的乒乓球桌旁开董事会。在我向拉里介绍了OKR之后，他召集了一个全员大会，我在会上演示了一份幻灯片，这份幻灯片至今我还保留着。拉里和谢尔盖都非常聪明，他们锐意进取、雄心勃勃，他们的兴趣点不仅是做事，还要创造惊世伟业。当谷歌公司还只有30人左右的时候，他们就积极拥抱了OKR这套系统。现在OKR已成为谷歌公司文化的一部分，是其 DNA 之一。在谷歌公司，它就是大家所使用的真实语言的一部分，拉里以及全公司员工都非常认同 OKR，并把它作为一个授权工具。大家认为 OKR 体现的是一种责任，这也是 OKR 的一个副产品。在组织里，OKR 是帮助构建组织契约的一种很好的方式，意味着大家都愿意积极踊跃地去做一些与众不同的事情。

自此开始，OKR 成为谷歌公司核心的管理思想和工具。

时至今日，约翰·杜尔已经是世界知名的投资家，是美国最有影响力、最具创意、最不拘传统的冒险资本投资家，被誉为"风险投资之王"。他在短短 10 年内创造了高达 1,000 亿美元的经济价值，他已经向 250 家美国技术公司投资超过 13 亿美元，创造了超过 19.2 万个就业机会。他投资的企业包括：Google（谷歌）、Facebook（脸书）、Compaq（康柏）、Cypress（赛普拉斯）、Intuit（直觉）、Macromedia、Netscape（网景）、Lotus（莲花）、Millennium Pharmaceuticals（千年制药）、S3、Sun Microsystems（太阳微系统）、Amazon.com（亚马逊）、Symantec（赛门铁克）和 Linkedin（领英）等多家全球知名高科技企业。约翰·杜尔无论投资哪家企业都会把自己赞赏的 OKR 管理方法向企业的管理层推荐。OKR 就是这样在谷歌公司成立不到一年的时间，被投资者约翰·杜尔引入谷歌公司，并一直沿用至今。约翰·杜尔一直担任谷歌公司的董事会成员。

每年 500 亿美元，累计超过 1000 亿美元，这还只是 OKR 在美国兑现的一部分价值。那么美国人民有没有像《海贼王》中有梦想的男子汉们一样，冲向事业和商业的大海去追寻 OKR 这份财宝呢？很可惜，并没有，直到 2013 年前，他们一直没有去"寻宝"。很奇怪，美国人民生活在谷歌时

代，谷歌公司的影响无处不在，比如，如果我们在亚马逊搜索书籍关键字
"Google"，系统会反馈列出超过10万条记录。只要去写一本以谷歌为主
题的书，任何人都有机会让自己写的书登上畅销书排行榜。谷歌公司在美
国大众文化中的确具备这种超强影响力，但可惜大多数美国人还是喜欢去
追捧精彩，而不会追寻精彩从何而来。直到2013年谷歌公司风投合作伙
伴瑞克·克劳（Rick Klau）发布了一段OKR视频后，OKR才走入人们
视野并风靡全球。克劳发布的视频如今已超过30万次点击量。相比动辄
点击量上亿的短视频，这个点击量好像不算太高，但毕竟这是一个近一小
时的长视频，而且是在说正事，说明真的有很多有识之士希望能学习谷歌
公司的管理模式。

　　截至当下，OKR管理方法已被全球数以千计的企业所采用，价值体现
更高了，现在确实有人下海去追寻这份财宝了。

二、OKR在国内的成就

　　OKR在国外精彩连连，那么在国内OKR的成就如何呢？我们也来看
看OKR这些年在中国的推广历程。随着这些年我国经济的飞速发展，优秀
的管理理论也在不断地被引入和使用。早在2009年就有一批研究机构和
企业，把目光投向了OKR管理方法，开始研究和实践，我本人也正好有幸
参与其中，经过一段时间的研究和实践，证明OKR确实是有效激发个人和
组织成长的管理方法。也有一些企业虽然关注了OKR的研究和实践成果，
但是由于种种原因，并没有形成大范围的影响力。直至2013年瑞克·克
劳的OKR视频火爆后，才有更多的人和企业关注了OKR管理方法，并开

始了解，准备启用。时间到了2017—2018年，其间海尔实施OKR成效体现出来，华为开始全面推行OKR，百度开始拥抱OKR，再到2019年，百度、京东、小米等互联网巨头开始推行OKR。

很多人终于意识到，原来OKR是个大宝藏，这么多领军企业都开始用，于是从2018年起，OKR的关注度逐渐上升，下面我们简要地看下上面这些公司实施OKR的情况。

华为（以下数据来自互联网公开信息）

2008年，全年营业收入1252亿元；2018年，全年营业收入7212亿元。2008年至2018年11年，其间年平均增长率为20%左右。在2015年和2016年，年环比增长率更是达到37.1%和32.1%。

华为这11年来从1252亿元营业收入增长为7212亿元，营业收入增加了5960亿元，其中消费者业务是最大的增长引擎。通过下文的图表可以看出，消费者业务从2011年的450亿元左右，增加到了2018年的3490亿元

左右，增加了3000亿元左右，消费者业务增加的额度占营业收入增加总额的50%左右。

同时通过下文图表可以看出，消费者业务收入在华为整体收入中占比稳步上升，从2011年的22.1%，不断增长到2018年48.4%，基本占据了华为全部收入的半壁江山。而消费者业务中，手机业务又占据了90%以上。

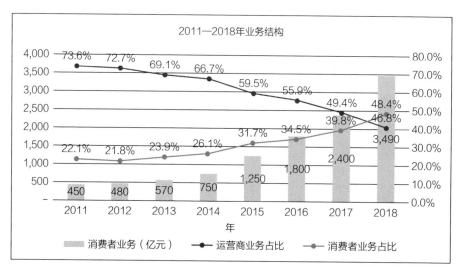

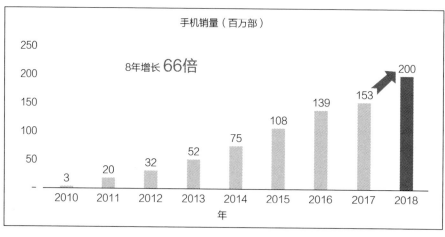

消费者业务中手机销售量从2010年的300万部，增加到了2018年的2亿部，8年增长66倍，这一时期华为在其原有管理方法中加入了OKR管理方法，我们客观地说，这个辉煌的成果不全是OKR带来的，但是OKR在其中确实占据了重要的位置。

海尔

近十年海尔集团的经营范围越来越广阔，内部新兴的产品品牌越来越多，"新品即精品"越来越为人们接受，如卡萨帝、雷神等，产品加生态的搭建也非常成功，比如以净水器连接搭建的高端水质圈，以电厨具和冰箱连接搭建的美食圈等。虽然由于多个创新产品线，使经济数据和成长增速统计难度很大，但是从企业历程上可以看出海尔在蒸蒸日上。

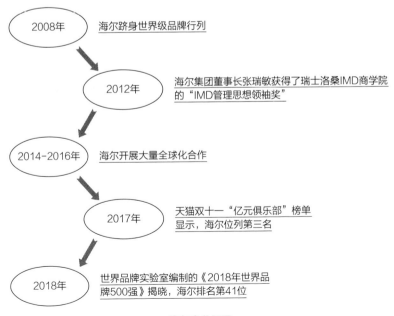

2008年	海尔跻身世界级品牌行列
2012年	海尔集团董事长张瑞敏获得了瑞士洛桑IMD商学院的"IMD管理思想领袖奖"
2014-2016年	海尔开展大量全球化合作
2017年	天猫双十一"亿元俱乐部"榜单显示，海尔位列第三名
2018年	世界品牌实验室编制的《2018年世界品牌500强》揭晓，海尔排名第41位

海尔企业历程

2008年海尔已跻身世界级品牌行列，其影响力正随着全球市场的扩张而快速上升。2012年海尔集团董事长张瑞敏获得了瑞士洛桑IMD商学院的"IMD管理思想领袖奖"。2014—2016年海尔开展了大量全球化合作，实力更进一步。2017年天猫双十一"亿元俱乐部"榜单显示，海尔位列第三名。2018年世界品牌实验室编制的《2018年世界品牌500强》揭晓，海尔排名第41位。2012—2019年是海尔的网络化战略发展阶段，其间OKR管理方法被大量应用，确实为海尔从优秀制造企业转型为网络化的智造企业，提供了极大的支撑，立下了功劳。

小米、京东、百度，雷军、刘强东、李彦宏，将这三个企业和这三位企业的灵魂人物放在一起，是因为这三位和他们的企业，都很重视OKR，也不约而同、以身作则在推广OKR，虽然现在相关的具体成果和业绩还不明确，但是只要能按开始推广OKR模式的那个劲头坚持几年，一定会有傲人的成果和业绩出来。

由于时间差，OKR在我国创造的价值，截至2018年，对比美国还是有很大差异的，不过随着2019年我国经济平稳发展，更多的企业开始拥抱OKR管理方法，相信在未来的几年，OKR管理方法会帮助我国更多的企业获得更耀眼的成就。

可能有的朋友觉得从2013年起就有这么多外国企业和个人应用OKR，我们从2018年起才开始应用会不会太晚？还能追赶上吗？我们要相信自己，也要相信我们的企业。

我从事企业信息化管理的研究和实践至今已有20年了，我们的企业上一次管理方法升级，就是从传统管理到信息化管理，当时的主要管理思路是实施ERP（Enterprise Resource Planning，企业资源计划），当时不论个人还是企业，比之现在都有很大差距，ERP的前身MRP（Material Require Planning，物料需求计划）在当时没有多少企业应用过，而构成ERP基础的MIS（Management Information System，企业的信息管理系统），在当时也很少有企业具备。所以1998年时任联想控股有限公司总裁柳传志的一句话"不上ERP等死，上了ERP找死"，描绘出中国企业开展信息化所需要的决心和过程的艰辛。

向死而生已经够悲壮了，而死里求生需要多大的决心和勇气？"撸起袖子加油干"的中国人和中国企业就是这么实干，就是这么实在，坚定发展信心、坚持做大做强、坚决奔向更好的生活，经过无数中国人和中国企业的努力追赶，1998年以来多少的企业依靠信息化管理，踏上了成功的大道！1998年以前有多少中国企业被世界所知？22年后的今天，有多少中国企业不仅走向世界，还在国际上占据了重要位置？华为、阿里巴巴、小米、百度、联想……这个名单可以列出很多优秀的企业。

当下，中国的企业已经在国际市场拥有举足轻重的地位，后续还会有更多的中国企业走向国际，这对个人和企业都既是机遇也是挑战，从更适合当下个人和组织迅速提升的OKR管理方法中汲取营养、飞速成长是极其有效的方式。而我们在OKR推广上与美国相距不过几年的时间而已，上一次我们用了20多年的时间，完成了国外将近百年才完成的事情，那么这次我们依然能做到，而且在现在的基础上会做得更好。

时代的共鸣，OKR 多么符合当下

一、从历史趋势看，OKR适应于当今时代

在历史上很长一段时间，士农工商的职业排名，都是十分稳定的，在很长的历史中农业人口都占总人口的80%以上，但是粮食却常常不够吃。而随着科技的发展，近30年来，世界大范围消除了饥饿，农业人口的占比也大幅度下降，目前美国、加拿大农业人口占本国总人口的比例不超过3%，英国、法国、德国农业人口比例接近2%，我国农业人口比例在30%左右。可预见的未来各国的农业人口占比会持续下降，并非农业的地位在下降，而是机械、生物科学、农药、肥料等的技术进步，使得需要从事农业生产的人数锐减。在当下如果没有科技的支持，还是原始的刀耕火种，那么再努力也不会有当下农业的收成。

截至2018年底，中国网民数量达到8.29亿人，那么我们是从何时开始拥抱互联网的呢？

1994年4月20日，我国通过美国Sprint公司连入国际互联网的64K国际专线开通，从此中国被国际上正式承认成为真正拥有全功能接入互联网的国家。此事被中国新闻界评为1994年中国十大科技新闻之一，被国家统

计公报列为中国 1994 年重大科技成就之一。

仅仅 25 年从 0 到 8.29 亿，速度何等之快，网民数量的增长带来了什么？我们仅用一个公司的一个事件数据来看看。

这个公司就是淘宝，这个事件就是"双 11"，2018 年天猫"双 11"订单突破 10 亿笔，而"双 11"这个购物节于 2009 年首次启动，距今才 11 年，每年举办一次。

当下世界发展飞速，再抱着以前学会一门手艺就够吃一辈子；做出一个产品占住一个市场，就能支撑企业多年运行，这样的思想和理念，注定走得很艰辛。诚然任何时代都有变与不变，也都需要匠人和大师，工业化也确实消去了一些灵性精品。但是绝大多数人对于衣食住行、娱乐、通信等产品和服务，都是先具备和拥有，能保证使用，后续逐步培养品位格调，再欣赏和升级。

对于时代来说，更多个人和组织，想要舒适生存和持续发展，还是要跟随和适应的。不然接受者稀少，即使在这件事情或这个产品上面，你成了匠人甚至大师，与时代的隔阂也会越来越大。

近年来很多人推崇日本的匠人精神，这点上我一直觉得要慎重。比如日本匠人的代表，宫殿大木匠西冈常一，他此生专注木匠、专注日本法隆寺，诚然对于文明和古建筑有不可磨灭的贡献。但是如果每一个建筑从业者都以匠人大师为目标，发扬西冈常一对于材料、工艺的执着精神，对于新事物完全不接受（拒绝钢筋等现代材料）。那么现在世界上有多少人能"居者有其屋"呢？即使这个行业就是这么"傲娇"，在大量刚需的推动下，能保证别人不来跨界颠覆吗？

与时代同步，是适应大多数人和组织的基本法则，同步于时代，首先要观察和认知时代。"管中窥豹"被作为反向成语用了多年，但是对于时代，有几人能看清身处时代的全貌呢？人们都是从自己的立足点和自身的局限去看，大家不都是在"管中窥豹"吗？那为什么有的人能看清，而有的人看不清呢？区别就在于去观察时的目标和目的，大多数人为了看而看，静止地去看，看到后不去思考，他们总是从同一个位置、同一根管子去看。这样连一只豹子都看不清，又怎能看清时代呢？明确观察的目标和目的后，不仅要观察，还要思考，接下来换位观察、换位思考。逐渐突破局限，全方位去认知，这样才能产生自身和时代的共鸣。

OKR方法在近些年流行起来，确实有其道理，应对当下飞速发展的世界，应用OKR方法能够让你快速与时代同步，即使你和你的组织确实下定决心当定海神针，做匠人和大师，那么定下这个OKR中的O（目标），找到成为匠人和大师的KR（关键结果），数年如一日地坚持下去就好。

当然对于大多数人和组织，还是适应并拥抱时代，生活的顺心幸福，企业持续发展和盈利，更为重要。

从本节开头农业人口的变迁和互联网的发展，我们看到了世界在加速发展，要适应这个速度，OKR方法应运而生。从地球村到供给侧改革，从大众创业、万众创新到智能制造2025、虚拟货币、区块链、物联网、5G通信，如何从众多利好形势和新生事物中，找到发展机会？OKR方法，正好能适用，还记得在前面章节，制定OKR是自上而下，再自下而上的方法吗？其实OKR还有一个核心的内容，就是目标和关键结果互动，制定适应时代和可执行的目标，确定关键结果。

比如，曾经有人说过："想做世界首富，这个奋斗的方向是对的，但是最好先定一个能达到的小目标，比如我先挣它 1 个亿。"我们就以这个"小目标"来带入当下，看看目标和关键结果的互动。

首先我们构建一个基本场景和情况，币种我们就暂定人民币。人物和团队定位在目前年纯收入 1000 万元。因为如果你是美联储的 Top1 号人物这个目标就太小了，实现起来没有难度，也就没有意义。而如果你现在还在挣着每年 10 万人民币的收入，或者你的团队目前连年收入 500 万人民币还没有达到，那么这个"小目标"对于你来说太过遥远，绝大概率无法实现的目标，最好当成梦想，然后找一个短期能够实现的目标，来迈出第一步。

回到主题，挣它 1 个亿人民币，也就意味着，我们目前的收入要增加 10 倍，才可以做到。

对于个人来说，通过占目标十分之一的收入，仅仅靠节约是完全不可能带来 10 倍增幅的，那么就要去扩大收入、拓展资源圈，考虑投入产出，起码要有 20 倍的增长，才能支撑纯收益 10 倍的结果，那么你个人的时间、能力、精力、资源，在这个时间周期内就要有 20 倍的增长，找出你更多的可用时间、可提升的能力、可优化的精力使用、可拓展的资源方向。基于"挣它 1 个亿人民币"这个小目标，你个人的关键结果定好了，去实现你的目标吧！

对于团队来说，要做到收入 10 倍的增长，首先要评估当下团队的最高工作承受值、最高能力值、最高资源值，综合之后看看距离达成 10 倍增长有多少差距！团队工作水平要提升多少倍？要引进何等人才？人员素质的最低保障值是多少？产品和服务要提升到何种程度？需要开拓多少市场份额？这个时间周期是多久？基于"挣它 1 个亿人民币"这个小目标，团队的关键结果也很快就能推导出来，撸起袖子加油干吧！

不管什么时候，什么人和团队，都有能实现、适合实现的目标，也都有做不到、不必做的目标。尤其是在当下时间极度宝贵，时机稍纵即逝，做应该做的，忽略不必要的目标十分关键，OKR这个以目标和关键结果为导向的方法正是你需要的。还有什么比OKR更适合当下？

二、从当前形势看，OKR 适用于个人发展

近日《普通高等学校本科专业目录（2020年版）》公布，撤销专业367个，部分撤销专业如：信息管理与信息系统、电子信息科学与技术，部分学校撤销计算机科学与技术、网络工程、物联网工程等专业。记得20年前，一位名师说过专业选择一定要符合时代，比如说你在2000年选择无线寻呼机维修专业（无线寻呼机是在手机普及前的通信设备，在2000年开始退出主流市场），人还没毕业，你的专业就"毕业"了。而当下的职业和专业不再像20年前一样，专业和职业同时消失，比如说无线寻呼机维修。现在即使是计算机工程，网络工程，物联网工程这些专业撤销了，但是这些职业却依然存在，而且其重要地位并没有太多的变化。包括现在财务人员从业资格证都不用考了，但是在当下的企业中，财务在企业中所起到的作用，只会越来越重要。而且我们看看高校新增的专业，这些撤销的专业，都以更下沉或者更聚焦的方式出现了。

职业与专业的撤销和重视并存，职业发展与专业转变并存，给很多人带来了迷茫和不确定。我们是否生活在一个空前特殊的时代？纵观人类的发展史，确实会有上升和下降的趋势，但是整体看来，其实人类社会一直在震荡上升中，也就是每一个时代其实都是在上行。具体到朝代确实有发

展和衰退的年代，但具体到每个人这短短的几十年到一百多年，其实大多都还是确定的。所以其实与同时代的人相比大家基本上是公平的，当然出身和际遇有所不同，会带来一些方面的不公平，但是在时代面前很多时候都会扯平，老子说的"天地不仁以万物为刍狗"，讲的就是对于大范围同时代的人来说是公平的。比如，生逢我国唐朝盛世那幸福的概率自然就大，生逢欧洲第一次世界大战其间自然大多生活艰辛。但是同在一个时代也一定不可能事事公平，孔子也说过"不怨天，不尤人"，做个抱怨的人于事无补。不如去不公平中找出公平的点来，逐步前行，成为时代的宠儿。这就要清楚地认识自身，观察时代，观察他人，从时代中找出公平的机会，找出他人与自身的异同，寻求自我成就的道路。这其中第一个目标就是要正视时代的变化，从中找到机会。

当今时代不断变化，发展极快，而且发展有着不确定性，让很多人极其焦虑。我们对时代的公平与否有了心平气和的认知后，对于发展的不确定性也能冷静对待，其实发展从来就是不确定的。数万年前，一些生物本来在水中生活得好好的，水突然减少了，怎么办？只能想办法走向陆地直接呼吸空气了；一百多年前，很多人的马车赶得好好的，突然有人弄出不用马拉的汽车，怎么也抵制不了，怎么办？现在大部分人已经不为这个事情烦恼了；二十年前，由于当时信息、网络、物流等条件的限制，很多好产品"酒香也怕巷子深"，随着电商平台、物流行业的发展，现在确实还有些东西是买不起的，但是很少有买不到的。不管在哪个时期的发展中，其实从小趋势来说确实有不确定性，但是从大趋势来说，很多都是确定的。比如，社会一定会越发展越好、科技会越来越多地改善我们的生活等。在任何时期，个人融入时代，获得自身的发展一定是最简单的幸福之道，我们大家最重要的人生目标之一不都是要幸福吗？幸福的关键结果之一就是自身的发展，原地是无法停留的，一定要积极地往前走。

我们想要自身获得发展，就要在不确定中找到确定，在变化中找到不变。如何做到呢？首要的目标是找到维系我们发展的基础和特长，确定了自己的基础和特长之后，找到运用它们能够达成的关键结果，就能在不确定中找到确定，在变化中找到不变。目标加上关键结果，想到了吧？这不就是OKR方法的关键吗？其实这个方法应用很广泛，由于被发明出来和走入大多数人视野的时间不长，所以看上去有些新，但其实在OKR被总结和命名之前，很多人就已经自发地用上了，这点在后面的章节会和大家详细说明。所以我们接受OKR方法时不能居高临下，上来就想批判性地接受，毕竟经过了管理专家和实战专家的总结和实践，OKR方法确实有优越性，不要错失关键点；但是也不必跪着崇拜，容不得一点质疑。就当认识一个杰出的朋友吧，相识、相交、相知、相得，这是我认为打开OKR最适合的方式。

OKR方法毕竟是源自国外的思想，引入时难免有所偏颇，以我多年的OKR实践经验，应用OKR最容易跑偏的，就是在初期的两大问题。

第一个问题是团队和组织在制定OKR时，片面地强调自下而上，发挥员工的主观能动性，这个坑是踩得最多的。我们常说"不想当将军的士兵不是好士兵"，但是如果一支军队的所有士兵都把自己当将军，那么这支军队的战斗力一定趋于零，甚至是负数，因为没有人关注自己该执行的职责和付出，都想从将军、领导的角度，在士兵有限的眼光高度去解析战争全局的战略，很大概率在开战之前内部就开始内战了。华为曾经说过"要让前线员工呼叫炮火"，这就认识到了问题的关键，每一个职业位置都可以申请资源，但不是每一个位置都能指挥和分派资源。另一个坑就是过分地强调自上而下，不管多么细致入微的领导者，他去关注所有基层事物的时候，他的精力和时间一定不够。诸葛亮在蜀国事无巨细、事必躬亲最后的结果是什么？出师未捷身先死，长使英雄泪满襟，由于梯队式的人才没有实践的机会，没有后续人才支持，蜀国也支撑不下去了。真正的团队组织制定OKR的思路是什么？是自上而下、自下而上，双向不停地交互调整，来制定出一个真正既符合团队实际情况，又有战略远见的OKR来，所以保持上下双向流动，相互关注和了解，才能制定出对团队最适合的OKR。

第二个常犯的问题，就是单向制定目标之后用关键结果来支撑。目标和关键结果是互为因果，互为支撑的，孤立地找寻目标，强行带入关键结果执行，就会造成大量的不切实际的目标、超出能力的目标，这些目标会花掉大量的时间精力、试错的成本，最终很多都是无奈放弃。同样，如果只用自身的基础能力和资源，把这些最基础的指标作为关键结果去推导所能达成的目标，就会出现目标制定过低的问题，实现起来虽然容易，但是对于自身的发展和成长意义不大。所以一定要将目标和关键结果之间互为因果去推导。选择目标时，根据自己的基础能力和资源，评估自己的发展潜力，回顾自己的成长历史，冷静分析这个目标是否可以实现，对自己既要诚实，又要有期待，同时不能高估和狂妄。这个时候才能制定出来有高度又能实现的目标，并且最终达成。

之前的管理方法，很多都需要数据保密，或者设置数据的知情层级。从大的方面来说这无可厚非，但是具体到个人，这个模式用起来就容易出现问题。个人的理想和目标、当下执行的事务，也遵循数据保密原则的话，那么亲人朋友、公司团队、社会他人，想提供帮助、支持和关心，都无从下手，只能根据他们的猜测提供一些关爱和支持，有时候不明内情的关爱和支持，不仅起不到作用，反而会带来压力甚至伤害。比如，很多女孩节食减肥期间，不告知家人的话，大概率会以为你胃口不好，他们会做更多的美食，来给你补充营养，这样你还能达成目标吗？ OKR方法的思想就是，定下的目标和关键结果，要让该知道的人都知道，如果知情范围不好确定，那就扩大到最大范围。让更多人知晓你的OKR，不仅有人监督你的执行，也有人提供信息和资源的支持，还能筛去不支持、拖后腿的人。执行一段时间的OKR后，你会发现你和留在你周围的人都和之前不同了，你们与这个时代越来越默契和亲密了。

在这个充满不确定的时代，我们不仅要低头看路，也要抬头看天。我的母校北京航空航天大学，对学生的期待是"脚踏实地，仰望星空"，其实每个人心里面一定会有自己远大的梦想和目标，愿意去实现它。脚踏实地，就是每一个追梦的人都要具备自身的能力和特长，具备了脚踏实地这个关键结果，才有把梦想变成现实的机会，才能从一个个目标的实现，去接近和成就梦想。

脚踏实地，仰望星空，才能在这个充满不确定的时代，保证你得到确定的发展。目标加关键结果是什么？不正是OKR方法吗？ OKR是多么切合这个时代，符合个人发展！想不想去拥抱时代？想不想与时代共舞？认真地学习OKR方法，仔细地思考OKR方法如何应用，持之以恒地执行OKR。相信你会更喜欢这个时代，更喜欢那个不断成长的自己。

准备好了没有？我们接下来就要从目标开始，一步步地去实践OKR了！

第五章 05

先说 O，如何
找到真正的目标

一、没有目标的样子

"马上周例会了，你准备好了吗？"

"啊，我还没……稍等我把上周工作总结下！"

"本周工作安排了吗？"

我能说我完全没想过吗？看着上周工作安排顺口说几个吧，"周一到周三，我对 A 项目进行支持；周四周五我完成 B 工作。"

"不对啊，两周前不是定好本周出差 3 天吗？"

"啊，不好意思，事项太多冲突了，我再安排下。"天啊！我周三还约了女朋友吃饭看电影。怎么小啊！我太难了！

这样的情况周而复始，工作好累，生活不易啊，等等！为什么有一些人，工作起来不紧不慢，生活有条不紊？而且他们的薪资收入和生活水准比我高了好多？

"请问你如何做到这么成功的？"

"我学了一个方法叫OKR，第一步就是定目标，我定了一个小目标，先挣它一个……这个不重要啦，总之我定了目标并且一个个地实现了，生活和工作逐渐就嗨起来了。"

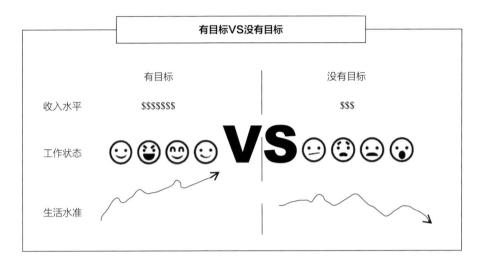

"好办法，我也要学OKR，我也要定目标，我要……我要……我要……"为什么我也买书读了，按自己的理解应用OKR了，过了好久，我还是这么忙、这么累？

二、你的目标为什么难于实现

著名喜剧演员蔡明有句话很经典：同样都是孙子，你这孙子怎么这么"孙子"呢？

很多人也常常在问，同样是目标，为什么别人的目标都实现了，我的目标一直就在路上？

其实在实现目标的人眼里，你的目标不仅是在路上，太多都还没有出门。都是一样的设定目标，都是一样的努力，为什么我的目标就这么难实现？老天为什么就那么偏爱那些高手？我太难了！

实现目标并不难，问题出在太多人不会设定目标！射击运动很多人都喜欢，如果靶子位置和方向出了问题，付出和别人一样的努力，成绩不如意是正常的，甚至目标错的时间太长后，你会发现自己的一切都不好了。

问题出在哪里？不是真的没有目标，而是没有找到真的目标，缺乏一套行之有效的理论体系来支持。OKR方法的第一步就是教你找到设定目标中存在的问题，并且正确地设定目标。

三、你的目标存在的问题

设定目标不是很简单吗？这还能出错？

这个想法一开始就错了，正因为太多人把设定目标看得很简单，草率定下目标，导致目标或者完不成，或者完成效果不理想。正确地设定目标，对于高手来说是一道"送分"题，但对于不了解OKR精髓的人来说是一道"送命"题。

做个小测试吧，看看目标设定的正确"姿势"。

设定一个周目标，会是什么样的呢？看看一般人的模式：

一般人设定周目标的模式

1. 周一到周五每天准时上下班；

2. 周末购置下一周的生活用品；

3. 每天锻炼；

4. 每天学习；

5. 每天做家务；

6. 每天花点时间听音乐；

7. 保证营养均衡；

8. 按时作息；

9. 安排些时间陪家人；

10. 安排出时间与朋友聚会。

看看是否眼熟？大多数人设定目标是不是都是这样？

对啊，目标不都是这样设定的吗？

错！这样设定的是日常活动，根本就不是目标！

真正的目标由确定可见的目的、执行的时间、期待的效果，这三个核心组成。

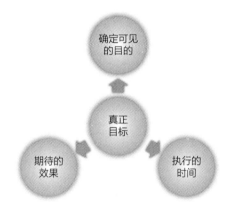

真正目标的三个核心

用这三个核心去对照前面那些所谓的目标，也比对你自己的目标，是不是大部分自己所设定的目标，都不算是可以执行的目标？

目标必备的属性就是可执行性，仔细观察你身边的成功人士，他们的绝大多数目标都具有可执行性。正因为可执行所以才能完成，才能一步步地走向成功。

现在大家对自己的颜值越来越在意了，我们就用这个验证下可以执行的目标。提升颜值最有效的方式是什么？拥有一个好身材！身材怎么能变好呢？减肥！接下来就是重点了！敲敲你的小黑板！只说我要减肥，打造好身材。这样的目标是目标吗？成功的概率大吗？

我相信很多人都知道了，真正的目标什么样呢？

目标：减掉10斤体重、在一个月内、必须要达到！

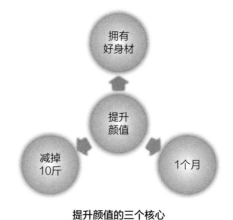

提升颜值的三个核心

这样看起来是不是就容易完成了？成果也能验证了？但是你仔细品一下，是不是还有什么关键点被忽略了呢？

四、识别目标的表象与本质

很多人在设定目标时常犯的另一个错误是，没有仔细识别目标的表象与本质。我们再想下什么是你的真正目标？减肥？不！真正的目标是提升颜值，减少体重只是其中一个比较明显的关键结果。你把OKR中的KR当成 O 了，从你设定 OKR 时维度就降低了，那么执行取得的成果自然就缩水了，这里可不存在"降维打击"。

假设有 A 和 B 两个女孩都想提高颜值。

人 物	基本情况
A女孩	身高168cm，体重65kg，单眼皮，下巴宽大，肤色较黑
B女孩	身高170cm，体重45kg，肤色苍白、无光泽，鼻子比较扁

A 女孩和 B 女孩目标相同，针对她们各自的情况，设定的 KR 不同。

A女孩和B女孩提高颜值塑形表

序 号	目标（O）	A女孩KRs	B女孩KRs
1		KR1：1个月内减10斤	KR1：2个月增重5斤
2	提高颜值	KR2：割双眼皮	KR2：每天跑步5公里
3		KR3：垫下巴	KR3：提升肤色亮度
4		KR4：美白肤色	KR4：隆鼻子

认识到目标的表象和本质有多重要呢？目标的英文是 Objective，在 OKR 理论中简写为 O，射击运动中最高分是靶心，击中靶心是绝对的胜利，如果你在运用 OKR 时设定的不是真正目标，而是其他的表象目标。执行时你也会打中靶子，但是得到满分的机会微乎其微，毕竟在瞄准的时候你没有瞄靶心，除非执行中出来问题歪打正着。

意识到这一点后，我们该如何在 OKR 中准确设定自己真正的目标，找到那个对的 O 呢？

很多企业一直把引入优秀人才，作为重要目标来执行，我也深度观察了许多企业，实际情况大多是：找不到合适的人、人才留不住、发挥不出应有的能力、新旧人员关系处理不好等。我们就带入 OKR 的思路来看看问题出在哪里。

企业发展的一般OKR

目标（O）	关键结果（KRs）
引入优秀人才	KR1. 人员能力画像
	KR2. 保留机制
	KR3. 授权管理
	KR4. 团队机制

其实"人员能力画像、保留机制、授权管理、团队机制"都是影响目标的因素，但是最严重的问题不在这些因素之中。这个OKR在设立之初就出现了问题。真正的目标被降级了，就好比那个靶心O不在正确的位置，想有好的结果自然很难。

"引入优秀人才"应该是OKR中的KR，它是支撑目标的关键结果，如果把它作为目标，使得目标降低了维度，执行起来就不清晰了，所以才会出现种种问题。

对于这个问题，正确的OKR应该如何呢？将目标回归到正确的高度。找出真正的目标，方法我们可以用溯源法，引入优秀人才，是为了什么呢？

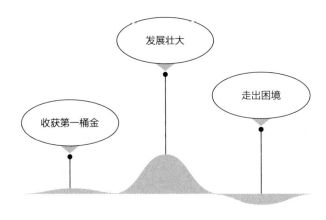

企业不同发展阶段的O

找到企业需要人才的真正目的，就能定下真正的目标。我们找到真正的O了，再根据它去找支撑的KR，这样是不是就豁然开朗了？

企业不同发展阶段的O，对应引入优秀人才的KR

目标（O）	关键结果（KRs）
企业发展壮大	KR1：格局高手
	……
企业走出困境	KR1：经营高手
	……
企业收获第一桶金	KR1：实施高手
	……

企业在对的时间找到对的人，和这些人一起度过这段时间。OKR看起来并不难，但是能看清楚还能做到并不容易。这都要从一个对的目标（O）开始，所以我们在设定目标时一定要向上探索，企业究竟要做什么，企业究竟在做什么，企业要的到底是什么？不仅要发出触及灵魂的深刻询问，最好还要多找几个人，从不同的角度来分析。找到了真正的目标，取得成就的概率会有指数级别的提升，所以在设定目标时，不要怕花时间，不要自欺欺人。

五、个人与团队的目标

个人和团队看起来似乎有一定的差距，但是再庞大的团队，也是由一个个个体组成的。我们不管用OKR，设定多么宏伟的目标与关键结果，也要靠实现一个个个体的微观OKR来支持并完成。所以从自我开始学习应用OKR，从具体的小团队开始实施OKR。最终就能从自我OKR、小团队OKR，实现公司OKR的整体成就。

再回到本章开始的那个问题，怎么设定自己生活和工作的一周目标？怎么为团队设定一周目标？

首先我们要把OKR和日常工作区分开，OKR中的O和KR简单来说都是成果型、挑战型、关键型、胜利型的工作，而我们日常事务性的工作、例行工作等并不在其中。OKR理论并非包罗万象，也不可能包治百病。

我们用一个商务合同签约的整体工作来区分下。

OKR可以应用于：商务目标锁定、商务事项圈定、商务谈判成功、合同签订执行。

但是其中日常事务性的工作：资料收集、信息筛选、内外信息比对、供给需求对比、行程场所安排、合同撰写与修改、合作的后续执行细节等还是不可或缺的。在这其中OKR也有份额提供支持，但是CRM的销售支撑、OA的协同办理与流程执行、ERP的企业资源支撑、KPI的绩效维稳等却会占更大的比重。

分析清楚这点，我们设定目标就好办了。首先把日常事务性工作归总在一起，带入公司的要求，作为一个基础目标——工作按要求完成。然后分析成果型、挑战型、关键型、胜利型的工作，在这一个OKR时间周期（一周）内，一定要有所作为，详细溯源，找到真正目标那个准确的O，确定下来，这样我们这一周的工作目标就出来了。

应对这个目标，看看有多少闲暇时间，需要哪些知识和资源的支持、精力剩余度等，就可以设定这周的个人目标了。

这里要特别强调一个重点，不管个人的生活和工作目标，还是团队的目标。在你应用OKR方法的第一个年度，不管周、月、季度，还是年。每一个时间段的目标都不要超过5个，这样逐步调整你和你的团队目标直到找到最佳的状态。

每一个时间段的目标都不要超过5个！这是必须再三强调的最重要的事情。

在这里，以一周为期的工作和生活的目标如下表所示。

周工作目标

序号	目标（O）	预期执行情况	关键结果（KRs）	完成时间
1	成功招聘到大客户经理2名	95%	KR1：筛选30份简历	周一
			KR2：邀约10人面试	周一
			KR3：安排面试10人	周二、周三
			KR4：收集面试反馈、沟通、发Offer	周四
2				
3				

周生活计划

序号	目标（O）	预期执行情况	关键结果（KRs）	完成时间
1	读一本书《执行：OKR 就这么用》	100%	KR1：每天读 40 页	周一至周五
			KR2：记读书笔记	周一至周五
			KR3：提炼对生活和工作有影响的关键点	周六、周日
			KR4：	
2	周末郊区登山 1 次	90%	KR1：确定同行的伙伴	周一、周二
			KR2：与伙伴商量路线	周三、周四
			KR3：查询天气情况、准备装备，确定出发时间	周五
			KR4：	
3				

六、OKR 带来的成就与满足

　　严格控制阶段性 OKR 中目标数量的目的，是要让个人和团队享受 OKR 带来的成就和满足，每一个管理理论在最契合的时代，都会给个体和团队带来成功，有兴趣的读者可以去看看《管理学》，这里就不赘述了。

　　历史的时钟已经走到了公元 2020 年，用常常说的 60 后、70 后、80 后的每十年的年代分段，现在出生于公元 1990 年的朋友们有的已经年满 30 岁了，也有了丰富的工作经验，其中一部分人已经走上了管理岗位。00 后冲得猛的那部分人已经上班，10 后都快告别小学了，20 后都已经开始睁开眼看世界了。

这么好的时代，这么年轻化的团队，如何一起跨越巅峰？2012年我第一次带成员都是90后的团队，现在还不时能想起那时的种种不适应。就说一点，当时为了和团队打成一片，我特地去学会了桌游——三国杀，对一个标准80后的我来说容易吗？与团队有了初步的话题后，逐步应用OKR这个大招，团队成员各有相应的提升，团队相处也融洽了，我们一起达成了一系列工作成果，这些事情会在后面结合OKR的环节逐步和大家分享。

深入了解很多团队后，发现时代是公平的，对于90后、00后来说，OKR太切合了，简直就是为他们量身打造的。90后、00后对于工作除了薪金待遇，对于成长和成就也十分重视。OKR应用于企业，落地在团队和具体工作后，确实能给个人和团队带来成长和成就。

之前我带领过的那些团队中的90后伙伴，发展都很好，应用OKR来工作是其中至关重要的因素。当时有位做软件测试的90后小伙伴，刚刚加入团队时，工作热情、效果都是勉强合格，与团队伙伴相处也是若即若离。被我用三国杀整治服气后吐露实情，他自己并不喜欢这项工作，只是凑合应付，混一天算一天。借着三国杀的余威，我给他讲了个OKR的开头，让他找找自己真正的目标看看能不能找到O。足足等到第二天下班，我看着他写了又划，最后递给我一张"鬼画符"。他说不知道自己的目标，但是确定了不少不想做的事情。

列出否定项目也是进步啊，对着这张"鬼画符"，听着他给我翻译，我列出了相对清晰的版本，对应我的权力范围和企业几个阶段目标，给他逐步地梳理，发现售前技术支持这个工作和他很匹配。进行调整后，他整个人的状态都不一样了，而且在公司的OKR基础上详细设定了自己的OKR。公司几个悬念已久的大单子，在他的努力下也收入公司囊中了。在一次次庆功会上，他和团队小伙伴也打成了一片，薪资职位也水涨船高，在逐渐壮大的团队中有了自己带领的小分队。近几年他自主创业，业务发展得很好，他现在的公司利用OKR进行管理依然是重点。

还有什么比获得自我成长，与团队的小伙伴们一同相互成就，带来的成就感和满足感更强？从设定目标，到目标实现，其中会有辛勤的付出，也会有不得不坚持的困境，但是当你达成目标时，你看到自己的成长和成就，那些不容易都是值得的。

七、设定真正目标的三大因素

前面说了目标准确与否，有表象，也有本质，强调了真正目标的重要性，介绍了找本质是目标的溯源法，也展示了目标达成的成就。那么，基于哪些核心因素我们可以快速准确地设定真正的目标呢？

OKR对于设定目标，有三大核心因素：准备、程序、处在当下。

准备，所谓厚积薄发，目标的实现很大程度取决于设立目标前后的准备工作。我们看到优秀的人举重若轻地完成了很多事情，可他们在准备上的辛勤付出有谁能看到？我曾经带过一个刚刚毕业的小伙伴，他加入团队不到一年，业务十分熟练，客户关系处理得很好，业绩更是出色。有人认为他运气好赶上了机会，但是对于注重观察的我来说，他的成功得益于他精心的准备工作。习惯早到公司的我，次次都能看到他在认真地准备文件、设备，对其所负责的客户了解得面面俱到。我和一位客户吃饭时，对方说："你用的这个小兄弟真不错，我们一起去谈事情，我忘带了苹果电脑的几个配件，网也上不了，投影仪也接不上，他却都带着，事情谈完我才知道，他自己不用，但是看到我用怕我忘带出问题，就备了一份。这样靠谱的人，负责的事情错不了！所以他拿来的单子我就都签了！"对事情有充足的准备，不管自己还是别人都能清楚地看到。一定是因为重视和能感觉到事情的乐趣，才会花心思准备。事情有了准备之后再去做，一定是有条不紊的。希望自己和团队能不慌不忙并快乐地驶向目标，期待他人认同并支持你实现目标，那就好好准备，然后设定目标吧。

程序，不知你有没有感觉到，很多优秀的人和团队都有点"僵化"，处理事情老是那样按部就班，感觉很慢很落后。但是看看他们的成绩，经常都很好。这就是程序带来的好处，有准备很好，但是如何从已经开始准备的多个事项中，迅速找到应该优先去做的事项，设定成开始实施的目标？这就需要适当的程序步骤了，通过时间考验、综合设计、实践可行，打造出一套适合你和团队的程序，规范地筛选、评估、核对后找出优先的目标，并按程序执行。

处在当下，有些团队和个人，进军行业后开始做事，同时设定下了远大的目标"成为行业领军者——带领行业前进——垄断整个行业"，在这个宏伟目标下，做事也开始按着目标已经达成来进行，基本上都失败了。目标宏伟不是大错误，但是把设定的宏伟目标当成已经实现这是不自知。每个人和每个团队在某一个时刻，都自有其极限，就像全力跃高者，不论如何用力，只能达到某一个高度。但如果身负重物，其跃至极限高度就会打个折扣。不看清现在自己和团队的状况就去盲目设定目标，实现的可能性不大。2010年至今我接触过的寻求融资的项目中，有为数不少的创业者，对国内外成型企业和已经成名的企业家，都表现得十分不屑，经常是要超过这个要灭掉那个。10年过去了被作为颠覆对象的企业大多还在，而颠覆者们很多都不知哪里去了。展望未来不是错，但是忘了当下就是大问题！设定目标时一定要冷静、理智，仔细评估当下自己和团队的极限在哪里，在极限数值的范围内设定目标，这样才有意义，才可能实现。

目标如此重要，事先的准备就尤为重要，如果要设定一个阶段OKR中的目标，与之相关的历史信息和数据，包含本阶段的事项等，都要详尽地收集和分析。

打造一套周密有效的程序，结合分析结果，按照程序，定位目标的精准方向，才能圈定出真正目标的范围。

结合个人、团队、社会当下的现实情况和所处状态，对圈定的目标进行定位，让目标符合当下的实际情况，符合实施目标者的客观状态。

设定好目标就成了吗？不！OKR到这才刚刚开始上路，定好了O，下一步就是KR了，如何确定关键结果？我们在下一章讲述。

再说 KR，如何确定支持目标的关键结果

一、成功始于迈出第一步

为什么大多数制订的计划最终没有实现呢？很多人依据OKR的思路设立了自己的目标，经常还不止一个，可惜过了一段时间任何目标都没有达成。目标固然重要，支撑目标的关键结果更重要。

我们经常憧憬自己每天按固定的节奏上下班，家庭生活和谐美满，作息有序。在想象的画面里面，我们每天的交通准时而通畅，路上遇到的人风趣幽默，不时还能交几个新朋友；居住空间整洁温馨，家人和风细雨相敬如宾；公司内工作井然有序，上下级友爱互助。

理想很丰满，但是很多人的现实都不只是骨感。每天在公共交通工具上被挤成纸片，驾车通勤路上被堵得水泄不通；家人好像也不那么关爱和理解你，家里大大小小的人和事都乱成一团；到了公司，无数的琐事扑面而来，办公环境和设备等各种东西都不理想，下属愁眉苦脸，老板更是名副其实每天都板着一张脸。

我寻求改变，换一条上班的路线，家具换一换，甚至换一个公司，变化好像并不明显。

可我们的期待并非不可企及，我们都能看到身边有不少人，每天上下班轻松从容，狗粮撒得勤、带娃带得爽，工作上轻松自如，升职加薪必不可少。

为什么呢？好像我们面对的不是同一个世界和同一拨人，就拿工作来说，当你去和别人交流的时候，对方认为是你没弄好，所以导致他也要担责任！或者认为他的薪水，并没有包括帮助你！更甚者会劝你干得了干，干不了就辞职！可是有些人去交流时，别人说的都是："帮我看看这个事情我们如何一起做？有什么我能帮到你的？我们这儿没你不行啊！"

那么问题出在哪里呢？多年以前，我还依靠公共交通工具去上班的时候，就能看到很多人不管多满的公交车都要把自己塞进去，车门一打开拼命想第一个冲上去；几年后我打车上班时，也会有这样的人，不管车是谁先打到的，冲过来就上车，好像总要赶那一秒钟的时间；等到我乘坐自己的交通工具上班时，还能在路上看到总有一些人，不管红灯、绿灯、黄灯，都要抢时间，玩命去闯，来回并线，不停地想办法超过前面的车。

多年来不管工作、会议、约会，我迟到的次数都屈指可数，我也并不觉得这有多困难，我并没有飞天遁地的神通，走的也是平常路。为什么我觉得简单的事情在很多人眼里就这么难呢？我总是不太理解这些人，早起一会儿，真的那么难吗？我罗列了下，我做的也不过就是规划上下班路线，关注交通新闻，及时优化路线，根据出行时间点预估行程时间，提前半小时出门。花不了多少时间和精力，也不必在路上拼命。这一加一减节省了大量的时间和精力，而且大概率每天路上都有个好心情。生活和工作也是如此，如果我们能够提前一些时间去准备，工作起来就很容易，工作的成果自然也就更好了。

我经常测试我在工作和生活中做每一件事所消耗的时间，把这些时间都仔细地记下来，通过计算不断优化顺序。一些超标的事情可以暂时不进行，做的事情都是当下时间段可以完成的，梳理好哪些事情该间隔去做，哪些事情可以并行。这样逐渐整理，工作和生活就会逐渐有序起来。其实并不是世界没有秩序，世界没那么混乱，更多是我们自己没有找到时间表和秩序表。

当然我也不是"钢铁侠"，偶尔还是会抛开计划放纵一两天，然后再花一点时间复盘，在浪费和混乱的心痛中，接下来更加用心去思考和规划。

曾经我的厨艺忽上忽下，烧菜成功的时候家人和朋友觉得见到了"厨神"，做出"暗黑料理"时，自己都不给自己面子。一次朋友们聚餐，找了个自助空间，自带食材，自己DIY美食。朋友中一位老哥，一个人负责了当天20人的饭菜，只需要有个人去递下材料、清理下厨具等简单的协助。我在吃喝中特意请教，在这位老哥的心里，不仅有菜品生熟的时间表，他根据用餐的模式，安排了上菜的顺序，再去确定做菜的顺序，控制先后和并行。我一下反应过来，这和我一直说的高手做事暗合OKR一样啊。看起来是10多道大菜，配合8个凉菜，聚餐都是先聊天喝酒，开头有凉菜就行，人菜能并行做的先开始，有几道大菜压桌了，再去做其他的菜。我感觉豁然开朗了，从此后我也把做饭从规律导向变为结果导向，虽然目前还不能靠厨艺挣钱，但是起码大家比以前满意多了。

井井有条的工作和生活，你是不是也想要呢？那么就让我们从为工作和生活提前做好准备开始，让我们的工作和生活一天比一天更好；让日复一日的变化和挑战，在我们面前变得逐渐简单，让我们神清气爽地迎接每一个明天。

现在就让我们开始吧，去完成一个个关键结果达成我们的目标。

二、现阶段把 KR 放在第一顺位

当我们应用 OKR 方法设定目标后，很多人会一直盯着目标不放，其实目标定在那里了，最好的实现目标的方式就是立刻看向支撑目标达成的关键结果。毕竟千里之行始于足下，既然我们在设定目标上花了足够多的时间和精力，这个目标的可行性毋庸置疑。那么接下来就是如何把目标分解成一个个关键结果并逐步实现。目标在 OKR 中对应 O，像不像一个靶心？我们想射中这个靶心需要什么呢？

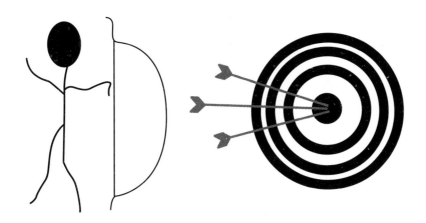

必备条件是要有人，有弓箭，才具备射中的基本要素。

目标也是如此，不管多么庞大的目标分解的关键结果 KR，要素也是谁来做、用什么做、何时做完、达成什么结果。

我们加入团队工作时，完成目标是对自己职业的尊重；我们生活时，完成目标是对自己和家人的责任。因为做这些，我们不能碰运气，要想办法通过一个个关键结果的达成，来实现目标。

在前一章节我们认识到了目标的重要性，也了解了一些设定目标的方式和方法，以及目标与日常工作和生活琐事的区别，可惜这些并不是我们在表格上区分了，时间就能放过我们。早晨起来，想执行学习成长目标——完成读书40分钟，可惜洗漱整理、准备早餐占用了不少的时间，通勤路上的时间也要消耗很大部分。

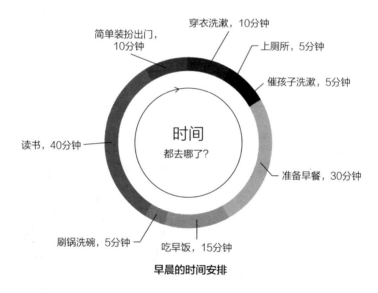

早晨的时间安排

怎么办？其实减去这读书的40分钟，整体时间表就没那么紧张了，但是这个关键结果不在这个时间段执行，调整到什么时间段呢？8小时工作内？午饭？晚上？其实不管你放在哪个时间段都是有压力的，OKR方法应用的第一年你和你的团队都会有空前的压力。因为OKR是促使个人和团队超越自己、战胜衰退的方法。超越和战胜从来就不可能是轻松的事情，所以从一开始就要有心理准备。目标很美好，关键结果的达成需要汗水和坚持。

说回到上面早晨的时间安排那个困局，怎么破？从设定目标，确定关键结果那一刻起，日常事情就要给关键结果让出时间，洗漱整理从工具和数量上优化简化，早餐西化，通勤时间能省就省，在不影响正常生活的前提下，一切都要支持每天读书时间这个关键结果。工作也是如此，不必要的时间都减去，可做可不做的延期，把当下的关键结果完成放在第一位。这个开始绝对不容易，家庭和团队都会有不理解和不认可的情况存在，但是只要你坚持第一个关键结果能够完成，就会感觉到自己的变化，坚持第一个目标达成，OKR初见成效，就会获得家人和团队的认可。等你坚持3个月后就会发现随着一个个关键结果的完成，一个个OKR达成，你的生活和工作变得大不相同，时间、精力、工作强度似乎都没有那么大的压力了，坚持一年后你会发现对工作和生活驾驭起来更轻松了，慢慢地自己也成为别人眼中那个轻松面对工作和生活的高手了。

三、诚实地对待时间

随着一个个关键结果的完成，你会感觉到自己工作变得轻松，时间也富裕了。这是很好的事情，时间其实没有变，你的时钟也没有调慢，时间面前人人平等，谁的24小时也和别人的没有区别。

坚持完成关键结果的人为什么看起来能拥有更多的时间呢？因为有了对关键结果的聚焦，他们会诚实地对待时间。时间是无法欺骗和忽视的，你如果试图去欺骗和忽视时间，受欺骗和忽视的一定是你自己。虽然我们做不到不浪费一分一秒，但是如果有时间你算算自己每天浪费的时间，再以活到120岁算算你剩下的时间，很可怕的！但是很多人不愿意直面这个问题，想出各种借口。骗不骗自己是个问题，但是时间就在那不慌不忙地流逝。

聚焦关键结果不会让你的时间停止流逝，但是却可以减少不必要的时间浪费，这已经非常不容易了。

OKR方法无法瞬间改变个人和团队的能力水平，OKR方法也无法扭转物理法则。编写软件需要消耗时间，研发硬件需要消耗时间，产品测试也需要消耗时间。即使OKR方法运用成熟的个人和团队，也是在整体时间上做了优化和提升，但是工作和生活的进展依旧要符合时间进展这个自然法则。再者就算经过长期应用OKR方法获得了提升，比如写代码更快了、硬件设计开模加快了、产品测试流程优化了等。做这些事情时依然会花费一定的时间。

我们必须看清自己和团队的能力和限制，因为生活和工作必须要用到时间，所以看清自己和团队是对时间诚实的关键点，也是我们诚实对待时间的关键结果。

对时间诚实，设定目标是开始，分解目标的关键结果是开端，从第一个关键结果执行是第一步。这些对于时间和目标完成来说只是成功的一半，另一半是将我们日常的、例行的、娱乐的、浪费的时间和精力同目标对应起来，确定在当下我们的资源、精力、时间能做多少事情。

这个总数在一个时间周期内不会有太大的提升，基于这个有限的总数，我们如何取舍？时间和关键结果之间的调配稍有不慎，就会造成目标不能按时完成。一个目标完不成接下来的目标都会延期，所谓的延期也是完不成。这就违背了我们应用OKR方法的初心，为了完成关键结果，时间很多时候会逼我们做出决定。

娱乐开心事项 VS 工作学习成长事项

娱乐开心事项		工作学习成长事项
下班与同事一起做美甲		加班做工作总结，计划第二天工作内容
周末和好朋友逛街 Shopping	**VS**	周末参加技能培训班
晚上和老公看一场电影		晚上抓紧复习，备考职称、MBA等
定期与闺蜜聚会聊天		定期复盘工作学习计划
自己做个SPA		坚持每天跑步锻炼

决定不是那么容易做出的，简单的取舍，我们就不会用上"决定"这个词了，但是我们必须做这个决定，因为时间对谁都不温和。有一个词"舍得"，说得太好了，舍去很不容易，但是只有先"舍"才会有"得"，贯彻OKR方法的人都是对时间的诚实者，也是"舍得"的高手。

四、合理安排时间进程

把工作和生活的重心定在关键结果执行上，时间也优先给关键结果使用。

建议刚刚开始接触和应用OKR方法的朋友可以使用这张表格（下面会提供一张案例表），因为在你应用OKR方法的过程中你的工作和生活都会和这张表格密不可分，这个表格叫"关键结果实现表"，这是我们学习如何达成关键结果的主要工具。

这张表格最关键的是它并非单纯的待办事项清单，而且经过最多一个月的实战，你会发现每个人都会在原始表格上做出调整。这就是思路和方法开始清晰和优化的征兆。

关键结果实现表

工作必需品	时间进程		消耗品	所需支持
笔记本电脑 办公桌 办公椅 签字笔 记事本 白板 白板笔 白板擦 投影仪 ……	8:00	出门坐地铁,地铁上查看今日安排,接收邮件		
	9:00	到达公司		
	9:10	收拾整理完毕		
	9:15	进入工作状态,优先处理紧急、重要的事项		
	10:15	常规事项处理、审核合同、预算等		
	12:00	准备与同事一起就餐,商讨下午2点线下拉新会议		
	12:40	午休		
	13:30	准备2点会议需要的数据、信息		
	14:00	参加会议——线下拉新会议	宣传册10万本	运营部
			宣传单20万张	数据策略部
			二维码贴20万张	技术中心
			拉新礼品:笔、手提秤、小推车、文化衫等	市场推广中心
	16:30	针对线下拉新提数据需求,用于跟踪和反馈效果		
	17:00	常规事项处理		
	18:00	复盘当天工作,计划第二天工作内容		
	19:00	回家,地铁上确认相关事项,第二天会议地点、时间等		

目标拆解后的关键结果项占据表格的四分之一。表格的另外三个部分是使用者要列出来需要用到的资源：最左边的工作（生活）必需品，工作表写工作的，生活表写生活的；右边的消耗品和所需支持，写出你觉得完成后哪些是被消耗了不再存在的，需要什么人和事情来支持你。这四个栏中最重要的就是时间进程，只列出时间消耗流水账是不合格的，我们从应用OKR方法起，就得学习如何把关键结果安排在时间进程中，学习评估每个关键结果消耗多少时间，以及何时开始执行。

最重要的就是次序：软件整体架构没设计完就不能编写模块，数据表和模块关联没确定就不能设计软件界面；硬件功能没确定就不能定动力组，没有确定硬件内部结构就不能开模外壳。有经验的人会把目标拆解成单一的关键结果，然后排出正确且高效的顺序。

这个环节能反映出执行关键结果的人，曾经的学校教育和团队实践。为什么企业爱吸纳来自名校和名企的人员？其目的绝对不是人事部门理解的装点门面那么简单，名校教导学生的不仅有知识的积累，还有学习的方法，发现问题、解决问题的能力。名企指导成员具备完成目标、规范操作、合理优化的能力。当然，名校和名企也会有低手，但是概率会小很多。

分享一个小技巧，一个维度是帮朋友们识别，名校或名企出身者是否有真才实学；另一个维度是在我们跻身名校或名企时，如何不入宝山而空回。目标是一样的，就是查找这个学校和企业独有的思路和做事方式。关键结果有差异，如果你去识别他人，了解该学校和企业独有的思路和做事方式后，查看其人是否知晓和是否会应用；如果是我们自身，那么了解该学校和企业独有的思路和做事方式后，尽我们所能去学习并在实践中掌握这种思路和做事方式。

五、规划要倒着做

前面一小节的末尾，我用了一种比较特别的方式，不知大家看出来没有？

金庸先生在其经典名著《射雕英雄传》与《神雕侠侣》中，塑造了一个有本事但是很坏的人——西毒欧阳锋，欧阳锋有一门独特的内功，经脉逆行。凭借这个本事在《射雕英雄传》后期无人能敌，而在《神雕侠侣》中的主角杨过学了这个本事也成为一代高手。

说这些并不是本书从此改成武术秘籍，转教大家武功了。是因为很多朋友在开始应用OKR方法时都会有一些困惑，其中最大的困惑就是关键结果的排序。很多的目标没有实现，并不是某一个关键结果的问题，而是执行关键结果的顺序安排不合理甚至出错，最终导致目标无法实现。

我在这里和大家分享一个，我实践出来的关键结果的顺序安排方法，这个方法目前已经帮助了很多人和团队，希望对大家有用。

用心的朋友应该联想到本节开头我说的那些，不错，这个方法就是倒着推演，从目标完成来反推关键结果的顺序。我们依据OKR方法设立了目标后，虽然有事先的准备，有对时间的规划，但是目标毕竟是由一系列关键结果组成的，如何给这些关键结果排序，我认为最好的方法就是结果导向，我们要完成的目标是什么，标志目标完成的关键结果是什么，这个关键结果是由哪个关键结果支持的，一路反推回来，顺序自然就出来了。

当然也有很多朋友习惯了顺序导向，对结果导向有所怀疑，这个也有解决办法。你可以应用两种时间思维方法，一个是从当下开始，算一算从现在开始到目标实现，需要的关键结果和顺序；另一个是从未来开始，算一算从目标实现回溯到现在，时间如何配合关键结果。彼此印证下，你会发现结果导向的优势。

在我研究和实践OKR的过程中，有幸与很多国内和国际的知名企业合作，从中也验证了OKR方法的优势。刚刚提到的结果导向法与思科（Cisco）公司的网络型组织架构法的结合是一种最好的配合。

思科公司执行当前项目的团队，在接受目标时起，要做的第一件事情就是匹配目标项目的完成周期和项目工作范围，并将其回馈到公司，由公司的网络型组织架构，分解任务、关联资源、配置支持。例如，当前项目需要现场安装，那么根据当下的环境就会有对标的场地评测团队加入，保障基础环境合格合规。如果是安装调试的环境，根据项目设备清单，会匹配熟练使用当前设备的安装调试人员到场。合作中我和项目经理是这样工作的：本项目的光线是要强光、自然光，还是人工光源？项目设备全部入场后需要多大的运行空间？需要匹配多大的动力？应急动力需要多少额度？在结果导向法和网络型组织架构法配合下，我们排除了一个个难题，如期完成项目，达成目标。因该项目难度大、范围广，大家都不相信此项目能如期完成，客户提前给了一个月的缓冲期，所以我们的如期完成，其实是提前一个月完工。

思科公司这种方法的核心价值就是把与当前项目相关的人才、资源急速关联起来，保证用自己最优的状态去完成。说起来简单，但是如果对管理有所研究的话，企业内的"信息孤岛""部门权力墙"等问题，使得太多企业的大多数项目都是一事一议，之前的项目经验、资源配置模式都无法借鉴，更有为数不少的企业中有很多人不知道企业都做过什么，能做什么，只是埋头在自己那一小块的工作中。在这个环境中即使用上了OKR方法，走到了关键结果这步，用了结果导向法，推导出来的也不是最优的方案。

在这里，无论团队领导者还是成员，想将OKR方法应用于工作还是生活，请多聆听、多分享，只有你和你的团队不再是一个"孤岛"，与他人不再相隔"高墙"时，你的关键结果才能以最优的形式达成，你的目标才能实现。

六、计划外突发事件的应对

加入关键结果后，我们该如何应对每一天呢？

没有目标的样子在第五章已经说过了，这里就不再赘言，那么没有计划是什么样子呢？从来没写过待办事项，无视近期和接下来的安排，工作像算盘别人不拨打就不动，参加会议该带的都没带，刚刚接手了事情就忘了自己该做什么，每天都疲惫不堪却没有成果。

影响OKR执行的，除了没有计划，还有计划外突发事件，我们不是常说，计划赶不上变化吗？那么是否因为变化我们就放弃计划，不去执行关键结果、实现目标了？当然不能！

那么如何应对计划外的突发事件呢？我们所需要的，就是对时间诚实。限定完成今天对于关键结果的计划需要花费的时间，看看剩余多少时间可以分配给计划外突发的事件。干脆果断地确定下来时间，这样你就可以决定今天要做的事情，安排好做事的顺序。长期坚持并形成这样的习惯，可以帮助我们完成关键结果的执行。

下面列出一些测试练习，希望对大家有所帮助。

工作

1. 打2000字需要的时间；

2. 绘制一幅常用的图表需要的时间；

3. 制作10页常用PPT文件所需要的时间；

4. 你的笔记本电脑、手机在满负荷工作情况下的待机时间；

5. 你在一小时内可以完成的工作量；

6. 公司午餐消耗的时间；

7. 吸烟或者喝茶、喝咖啡消耗的时间。

生活

1. 你家蒸饭、烧水电器的标准工作时间；

2. 做一顿饭需要的时间；

3. 打扫一次家庭卫生需要的时间；

4. 接送孩子需要的时间；

5. 收取快递需要的时间。

这些我称为生活和工作基础环节的时间消耗值，有了这些数据的积累，我们能更方便地达成关键结果。现在就来举个例子，看看练习前后的不同。

我们以程序员的一天工作为例。

没有练习前

9:00 来到公司，和同事们闲聊了半小时；

9:30开始工作，写了半小时代码；

10:00参加项目会，会议开到一半正好轮到自己，电脑没电了还没带充电器，要讲的内容和会议纪要都拿不出来，只能凭记忆说了一部分，会议没有如期开完，由于与会者日程问题只能延期到下周；

11:00找公司同事借充电器，正好这个时间大家的电量都消耗得差不多了，没借到。IT部门同事从库房找到了一个，但是很不好用；

11:40到吸烟区吸烟，遇到出差回来的同事多聊了几句；

12:20晚了20分钟，食堂没位置了，只能出去吃午饭，外面也是人满为患，等了半小时才找到位置；

13:50用餐超时还遇到经理，被训了半小时；

14:20好不容易收拾心情准备开始工作，发现记事本不见了，是开会忘在会议室？还是借充电器忘在谁那了？余下的编码思路在上面呢，找记事本；

16:30终于找到记事本，顺手把充电器还了；

17:00发现电脑根本就没充上电，赶紧找同事借了一个；

17:30今天又要加班了，

21:30饥肠辘辘，疲惫不堪地回家。

今天好累啊，明天还要早起上班好头疼，回家家人都睡了，以后再补偿吧。

练习后

9:00来到公司，查看了笔记本电脑电量还有60%，和同事聊几句借了充电器；

9:10 边充电边工作；

9:50 充电完成，结束一个阶段工作，提前10分钟去会议室，顺路还充电器；

10:00 ~ 11:00 会议有效进行，汇报自己工作进度，交流下一步工作；

11:00 ~ 11:50 继续写代码；

11:50 ~ 12:30 用午餐；

12:30 ~ 13:30 休息一会，和同事们聊聊天；

13:30 ~ 16:00 完成当日工作；

16:00 ~ 17:00 根据目前进度的变化，规划明天的工作；

17:00 准时下班，回家先把充电器放在电脑包里。

又是正常有序的一天，一会儿去买菜，晚上好好陪陪家人，明天又是元气满满的一天。

其实我们对自己越了解，计划外的突发事件就越少，现在就开始你的时间消耗评估吧，祝你每天都是美好的一天。

七、找到你的OKR舒适值

没有计划的人，很难完成关键结果，但是也有的人计划过度，他们列出的计划清单超长超复杂，把每天的日程安排得密不透风，工作与工作之间也没有间隔，还想拼命挤出更多的时间和精力做更多的事情。其结果就是每天都疲惫不堪，越来越多的事情无法完成，挫败感、混乱感充斥着生活和工作。

那么，我们应该如何平衡关键结果达成中的无计划和计划过度呢？答案就是找到你的OKR舒适值，也就是在不超过负荷的前提下，你每天能执行关键结果的最大值。涵盖打字、作图、编程、设计、安装调试，各个你每天负责的工作量的临界值。结合前一小节统计的工作和生活基础环节的时间消耗值，我们从一星期中选取三天作为OKR舒适值测试的开始，这三天是周五、周六、周日。经过多次的实验，这三天是最适合的，周五正是本周工作完成，可以设定下周工作的时候，周六和周日在周五的基础上优化调整，这样对于关键结果我们既不会没有计划，又有了实际情况的支撑不会过度计划，而且这三天相对工作和生活压力较小。测试步骤如下。

1. 列出这三天中每天必须完成的目标和达成效果，每天不超过三个目标，规模可以大到一天也可以小到十分钟，目标尽量大小平衡，不要贪多，平常心就好；

2. 排列时间顺序，精确到具体时间点，不要太苛刻，但是最好把这个时间表画出来；

3. 接下来不要再加任何目标，对关键结果的执行也不要调整，当然可以做其他的事情，但前提是实现了当天的三个目标；

4. 坚持遵守计划，如果有临时紧急事情发生，不得不放弃之前的计划，那么建议你改期再完成本次OKR；

5. 完成一天的工作之后，测算一下你预定的关键结果的完成度；

6. 如果你设定的目标都完成了。精力和时间还很充沛，那么下一周选择目标时可以在这个数量上加一个；如果目标没有完成，下周就维持这个数量；

7. 每周都练习一次，持续一个月后测试出自身每天能完成的数值，以这个数值为100%，这就是你的OKR舒适值；

8. 当你找到自己的OKR舒适值后，就可以开始把它应用在其他工作的时间，把这个数值作为每天最大的工作量。

建议刚刚开始用这个数值时慎重一些，用这个数值的80%作为对自己的要求，免得目标设定过高，疲于应付，质量和信心都被打击到。

生活练习：周末从一顿饭开始，做时间表

1. 根据家人的日常饭菜食用数量和喜好，确定这顿饭的主食和菜品，列出所需要的食材清单；

2. 检查家中的冰箱和厨房，列出购物清单；

3. 列出主食、菜品制作需要耗费的时间和顺序；

4. 列出煮饭炒菜需要的器具（蒸锅、炒锅、炒勺等），以及盛饭上菜时用到的器具（碗、筷子、盘子等）；

5. 购买食材，并按顺序处理，同时有序放置各种器具；

6. 用餐完毕，清理厨房，器具归位。

不要小看这一顿饭，做饭从一种负担变成可控，还有人能提升为享受，用餐从果腹到享受，家务从混乱变成有序。工作诚然重要，但是生活更是工作的重要支撑，一个温馨和谐的家庭，整洁有序的生活环境，必然给工作带来好的心情和充沛的精力。

八、逐步突破OKR舒适值

我们找到了自己的OKR舒适值，并应用于工作和生活，混乱、低效、失败、沮丧会迅速地远离我们。有追求的人一定会追求更好，那么我们如何逐步突破OKR舒适值走向更优秀呢？鉴于OKR舒适值是我们用实践评测出来的，从完成上来说除非我们的能力水平和体能水平有所提升，这个数值很难得到提升，而能力和体能的提升并非一朝一夕之功。

我分享一个简单易行、见效极快的方法给大家，那就是提前到达。提前到哪？任何你该到的地方，提前多久？十五分钟即可。提前到达的好处数不胜数，比如早到的你比大多数人都要从容一些，能看到一些别人看不到的事情，能得到一些别人得不到的机会。准时到达的人都要花点时间调整，何况那些迟到的人呢？坚持提前到达一段时间后你会发现，自己的关键结果执行变迅速、轻松了，不知不觉你的OKR舒适值就从之前的100%提升到150%了，自然就突破了。

提前到达得到机会的概率是很大的，我的一个朋友几年前职业发展进入瓶颈，她是时间控，到任何地方都是准点准时，在配合我推进其公司的OKR项目时，我给她分享了这个方法，她决定去做，半年后她欣喜地告诉我，她获得了提升，"每次早到的人都不少，从这里面我认识了很多新朋友，我邀请了几个人加入我的团队，也被人邀请获得了更高的职位。"我很喜欢提前到达的人，毕竟我自己也是这样的人。

提前到达的升级版是用在自己和自己的日程上，也就是在与自己的约会中提前到达，如果能做到这点，那么你的时间、精力、能力都会迅速富裕起来，毕竟唯一不用说抱歉的迟到就是与自己的约会。如果你能从准时出席与自己的约会，提升到提前到达与自己的约会场所，那你的成就和影响力都会获得指数级提升。

九、从实现每天的OKR舒适值开始提升自己

前面几个小节分享了OKR舒适值的测试、确定、执行和突破，现在我们就从最平凡的时间段，一天，来着手实现。

依据OKR舒适值，分解到今天的关键结果，我们以持续、系统、利落的方式将其完成。

在每一天都对关键结果的执行，进行准备。

（1）整理工作和生活的空间，保证支撑工作、保障休息；

（2）整理你的思路；

（3）看看计划有没有可以优化的部分，毕竟即使是周一，也可能有其他的进展。

这个过程花费了多少时间？三十分钟。在什么时候做？这个就因人而异，不过基本上不外乎早上和晚上，也就是当日工作开始前的预先计划，或者是当天工作的总结，规划第二天的工作。我个人比较喜欢在晚上，大家可以根据自己的具体情况来定。以上设定的就是今日OKR值，这是支撑目标实现、关键结果执行的关键。实现每一天的今日OKR值，我们不仅在完成一个个目标，在这个过程中也在不断地提升自己。

关键在执行

一、做一个 OKR 的行动派

马上放暑假了，大学二年级的男生小黑应用 OKR 方法给自己设定了一系列目标，列出了实现目标的关键结果，和同学们相互交流鼓励，这个暑假后一定成为一个出色的人。暑假开始后从学校回家，忙了一个学期先休息几天，一周时间过去了；正好很多初中和高中的同学有段时间没见了，参加同学聚会，两周时间过去了；家里的兄弟姐妹们聚会，看望长辈，一周时间过去了；看电视、电影占据了一周的时间；玩手机游戏占据了一周时间；和女朋友语音视频占据了一周的时间；还有一周时间，该准备返校了。算算时间真正用于完成目标的也就不到一周的时间了，还不怎么专注执行。

回到学校小黑暗暗下决心，寒假一定不能这样了，然而……

OKR 方法确实是走向自我提升和目标实现的最有效办法，但是设定 OKR 只是成功的一半，关键在执行。

曾经有多少人，信誓旦旦地设定了目标，列出关键结果，可就是实现不了。就是因为不去执行！用餐后走一百步，对身体很好，这个目标简单吧？但是有多少人能坚持十年？为什么总有借口不去执行？

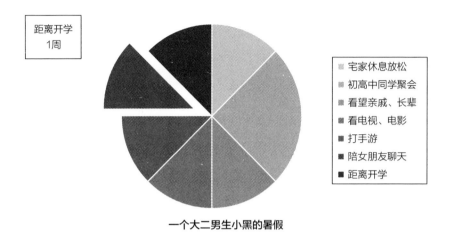

距离开学 1周

图例：
■ 宅家休息放松
■ 初高中同学聚会
■ 看望亲戚、长辈
■ 看电视、电影
■ 打手游
■ 陪女朋友聊天
■ 距离开学

一个大二男生小黑的暑假

出身平常，能被世界认可，屡破大案，这个目标有多大的难度？但是我的偶像李昌钰先生就做到了，"让不可能成为可能"这是李昌钰先生的目标，他从最基层的警察做起，一路排除万难，成为国际刑事鉴识专家，俗称国际神探，他鉴识过几个全球重大案件，如肯尼迪总统被杀案、尼克松"水门事件"、克林顿桃色案、"9·11"事件、美国橄榄球明星辛普森杀妻案、法医调查南斯拉夫种族屠杀万人案，以及吕秀莲"3·19枪击案"等。

国际神探——李昌钰鉴识的全球大案

序　号	事　件
1	肯尼迪总统被杀案
2	尼克松"水门事件"
3	克林顿桃色案
4	"9·11"事件
5	美国橄榄球明星辛普森杀妻案
6	法医调查南斯拉夫种族屠杀万人案
7	吕秀莲"3·19枪击案"

这赫赫的战果，在李昌钰先生当年刚刚从警时谁能想到？确认自己的目标，坚定地去执行，惊人的成果就能产生。

国际一流的鉴识专家，一定拥有一流的团队，当李昌钰先生成功时，他的团队也风光无两，让我们回到1978年看看李昌钰先生是如何应用OKR方法打造这支团队的？这支团队最初是什么样子的？

1978年的康涅狄格州（Connecticut），李昌钰先生被聘任为康涅狄格州公共安全委员、康涅狄格州法医和刑事科学实验室主任，时年40岁却刚刚结束学业不久的他，还没有后来的名声和地位，康涅狄格州对李昌钰先生和刑事科学实验室的信心并不充足，在当时，刑事科学实验室的数量在全球范围都不多。李昌钰先生走马上任时看到的是惨不忍睹的工作环境，实验室是由一间男厕改装而成，里面只有一台老旧的显微镜和一些最基本的化验工具。初期的团队成员更是数量有限、视力有问题、听力有问题、晕血的老弱残兵，仅仅19人的团队，都是之前因公受伤的警察，在这里养老，就等着退休。

面对如此的工作条件、如此的团队，开展正常工作都是不可能的，何况要做出成绩。

李昌钰先生明确自己的目标是让不可能成为可能，第一步的关键结果就是提升目前团队的工作能力。李昌钰先生对每一位成员细致地分析，耐心地交流，点燃他们的信心，找到他们在工作中最能发挥长处的点，比如眼睛看不见、听力很好，就让他去学习声纹辨识；耳朵听不见、视力很好，那就学习文书鉴定。李昌钰先生亲自教导，并对应专业和特长带团队成员回学校再次学习、训练。这些人在李昌钰先生的帮助下找回了自信心和成就感，找到了人生的真正价值。虽然不能直接和歹徒悍匪面对面地搏斗，但是通过细致的鉴识工作却让更多的罪犯落网，从1978年到1998年这21年，李昌钰先生的团队先后在美国各州与全球十七个国家参与调查六千多起重大刑事案件，平均每年主持处理三百多起刑事案件。

李昌钰先生第二步的关键结果就是利用有限的设备，通过严格的规范做出出色的工作。比如基于实验室量尺的等级，测量的最小单位只列到小数点的后一位，也就是十分之一英寸，并不列到小数点的后三位，千分之一英寸，这一点在之后的一次出庭中起到了决定成败的作用。当检察官以李昌钰先生实验室量尺比标准局的度量衡少了千分之一英寸，作为指控质疑时，李昌钰先生以测量规范这个早就执行的关键结果作为回击，不仅赢得了此案，还打响了"李氏量尺"的名声，将实验室等级提升。

当李昌钰先生因克林顿桃色案全球知名时，初期的团队也因此案名扬天下，美国各州跑来挖墙脚时却发现，这些人当年竟然是被淘汰的人，因此大呼不可能。

不时听到有人抱怨，自己所在的或者所带领的团队，有这样和那样的问题。看看李昌钰先生的初始团队，你觉得还有什么可抱怨的吗？努力设定好目标和关键结果，提升自己和团队的能力才是最好的办法。

成长和进步从来就不是容易的事情，应用OKR方法设定的目标，是要有前置条件和后置条件才能成功实现的。

目标的前置条件就是梦想！"人的梦想是不会结束的！"，有人说保持不变，得过且过也是梦想，真的是黑化了梦想这个词。梦想是什么？是值得你拼命去追寻实现的！是值得你努力夺回的！梦想和力度永远是在一起的，柔弱的、无力的、消极的叫空想或者妄想，绝对不是梦想！为什么我们要这么坚持、这么努力一步步地执行关键结果，来实现一个个目标？

不就是因为这些目标是达成我们梦想的阶梯吗？"梦想是有实力的人才能谈论的现实"，不管哪个时代确实有很多人没有实现自己的梦想，也确实有人在嘲笑追寻梦想的人。心中真正有梦想的人会在意这些吗？

目标的后置条件就是责任！近些年来曾国藩大热，关于他的书籍出了很多部，人们都想从这个能力和智力看似平凡，甚至有点笨的男人那里找找成功的诀窍。支撑曾国藩获得巨大成就最关键的是什么？就是责任，对家庭负责、对朋友负责、对同事负责、对上级负责、对所在团队负责。这些在很多人看来是负担的责任，支撑着曾国藩慢慢地一步一步地获得了成功。

曾国藩打仗很笨，没有什么出奇制胜的谋略，在经历几次惨败后，他清楚认识到自己不是韩信再生、诸葛亮转世，当不了杰出的军事家。于是，他打仗就一招，就是著名的"结硬寨，打呆仗"。把自己的营寨结得牢牢的，先不输，再求赢。然后把对方重重包围，让敌人弹尽粮绝。太平天国那些久经沙场的将领都被曾国藩的这招弄疯了，他们想不出来任何对策。所以，有人说曾国藩的胜仗不是攻出来的，而是果子熟了，落在他手里的。但是一直坚持这个目标何等的困难！史书上记载，曾有多次多名官员指着他的鼻子骂，质疑曾国藩的战略战术，他却一言不发，静坐不动。等别人骂累了，他双手一拱，告辞之后就去打仗了。何等的坚韧不拔！

我们身边也能看到很多朋友，工作和生活都表现非常优秀，有时间多了解了解他们吧，这些都是怀揣梦想和负有责任的人。在凌晨的黑暗中前行，在工作的压力中前进，为什么？不就是为了我们心中的梦想，身上的责任吗？

加入这两个条件，设定OKR，一步步地执行，你也能"让不可能成为可能"。

二、用OKR寻找适合自己的生活和工作方式

努力就一定能成功！这句话虽然鼓舞人心，但也有失偏颇。人与人之间的差异毕竟是现实存在的，出身、智力、体能、体型、颜值等因素，使得人们在达成目标时难度不一样。比如我们前面说过的"赚一个亿人民币"，对于出身平凡的人来说要拼命努力，对于进入世界财富排行榜的人来说不屑提及。现实有时就这么残酷，但是只要你有梦想，就有机会，梦想是激情的、遥远的，目标是冷静的、当下的。一个个目标的实现，会让梦想具体成理想并最终实现。

每个人都有做不到的事情，也都有擅长做的事情。成功的人其实就是找到自己最擅长的事情，坚持做下去。听起来很简单，很多人也憧憬能一下子找到自己生而不凡的天赋，然后纵横驰骋。天纵奇才确实存在，但是数量比大熊猫多不了多少，大多数人确实有天赋，却没有那么明显。太多人都是这样隐而不显，要不为什么慧眼识英才是一种本事呢？找到自己的天赋需要一个漫长而艰苦的过程，要不断地试错，不断地放弃，这个寻找的过程可能很长但是绝对值得。

曾几何时，武侠小说大火，金庸、古龙、黄易、温瑞安四位大师的作品红极一时，现在三位大师仙去，温瑞安先生硕果仅存。温先生的作品中天下六大武功高手，其中一位的成长恰恰是这样，他就是叶云灭，外号"神油爷爷"，叶云灭早年苦练内功，并无出色的成就且先天息乱气弱，又

无耐性，于是改修刀法，继而因刀法无天分而改习枪，目睹武林高手诸葛先生的惊艳枪自知无法追及，竟弃武功而习文，读了七、八年的书而不能悟，改去学剑，练剑三年发现自己在掌功中很有天分，终练成奇特的"失足掌"，不久败于天下六大武功高手之一吴惊涛的"活色生香掌"下，终于发现最适合自己的是拳法，弃掌练拳，自创"失手拳"，遂稳居天下六大武功高手之一。

向梦想前行，首先要学会的就是放弃，放弃非必要的、不擅长的，轻装上阵；其次是要学会坚持，坚持梦想，坚持努力，在放弃和坚持中不断前行。

OKR方法不仅是加法，也是减法、选择法。

下文通过案例："中小企业日常费用报销流程优化"来说明加法和减法在实践工作中的应用和重要作用。

日常费用报销流程：

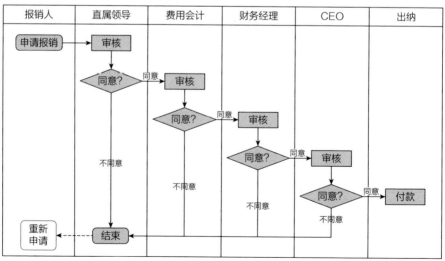

注：以一般中小企业为例

优化前的日常费用报销流程

思路一：通过加法优化

日常费用报销流程:

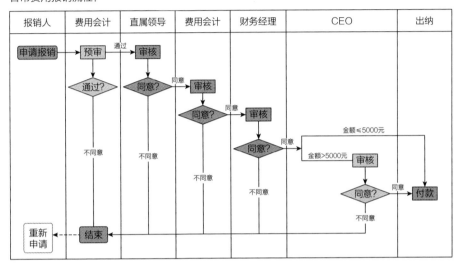

注: 以一般中小企业为例

按思路一优化后的日常费用报销流程

优化后VS优化前

1. 增加费用会计预审一个节点，表面上看流程长了，实际上降低了退回重新申请的概率，降低了预审后面所有节点的工作量。

2. 在CEO节点之前增加了条件判断，即分级授权，这一优化大大减少了CEO的工作量。

通过上文的对比分析，采用加法优化流程，能够降低成本，提高整体工作效率，提升公司财务管理水平。

思路二：以减法为主、加法为辅进行优化

日常费用报销流程：

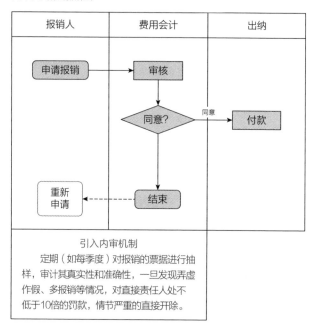

按思路二优化后的日常报销流程

优化后VS优化前

1. 取消了直属领导、财务经理和CEO审核三个节点，只保留费用会计一个审核节点，大大缩短了流程。直接将中层以上管理人员的时间和精力从流程中释放出来，让中层以上管理人员得以在更有价值的工作中投入更多的时间和精力，从而给企业带来更多的收益。

2. 在报销人和费用会计之外，增设了内审机制，定期对报销的票据进行抽样审计，并对应设置严厉的处罚制度，以控制弄虚作假造成公司现金流出不当情况的风险。

通过上文的对比分析，以减法为主、加法为辅进行优化，同样也可以提高整体工作效率，提升公司管理水平。

流程优化不是万能的，也不是一成不变的。流程的优化需要随着企业的发展逐步完善，需要因地制宜考虑企业的实际情况，这样才可以为企业带来效率和效益的提升。

向着梦想努力前行，我们会越来越快乐，越来越有成就感，这就对了。如果一直是艰难困苦的状况，就要去看看自己的目标和关键结果是不是哪里有问题？是否需要调整？

逐步实践OKR方法，在生活和工作中逐步适应和习惯这个方法，做自己最喜欢、最擅长的事情，这是何等的幸福！

三、对自己的工作和生活进行训练

仔细观察你周围的成功人士，他的家居布局和工作布局，一定有独特的思路，有人说："办公桌乱的人工作效率更高"，我经过多年大量的观察，这个结论不确定，但是工作水平高的人，办公桌布局都会有自己的思路。

比如我曾经的一位领导，能极快地从电脑中找到需要的文件，因为他把所有的工作文件，都集中在一个总文件夹中，再分门别类存放，关键一点是，他在每个文件夹和文件名字前都加名称首字母，这样只要记得文件名，敲几下键盘就能在繁多的文件中找到自己要的。

我也总结出自己的小技巧，我所有的纸质文件都是叠放在办公桌上，每季度把不常用的，交给助理归档，每次我选不常用的文件时，都不超过一分钟，而且确实很大概率后续不用调档。其实我根本不用去选，我让文件自然沉淀，文件常用自然就会多看，一定是放在文件堆的上面。经过一个季度，我只要从下面拿走一半文件归档就可以了，这些文件都是这个季度没用到的，以后用到的概率也很小。

让我们从一个会议开始，看看如何用心执行和OKR的匹配，还有什么会议主题比制定OKR更务实、更有挑战性呢？

本书进行到这里，我们对OKR已经有了深入的认识，将OKR带入工作和团队的好处毋庸置疑，下面我们看看一个20人左右的团队是如何通过会议沟通来制定OKR并执行的。

我推荐给大家一个经过多次验证可行的、制定OKR的基本流程：

团队领导起草总体OKR——团队核心成员（3～5人）起草基本OKR——召开首次全员会议，开放性讨论——收集讨论结果与起草的OKR对照，全员公示——召开会议沟通答疑，确定OKR。

基于上面的流程，我们先介绍要点，再详细展开会议内容。

要点一： 选择制定OKR的团队核心成员，考虑团队平时的骨干和积极分子，以20人的团队为例，核心成员3至5人比较合适，少于这个人数会有所偏颇，多于这个人数会造成OKR范围过大。

要点二： 开放性讨论时要双盲沟通，所谓双盲沟通，是团队领导和核心成员简要公布起草的OKR，由团队成员进行开放性讨论，收集讨论结果，避免自上而下制定的OKR对团队的限制。

要点三： 起草的OKR公示后，要同步答疑。

要点四： 确定OKR的会上，既要避免自上而下制定OKR对团队的限制，也要避免自下而上申报OKR的局限性。

  只要掌握正确方法并执行，制定OKR并不难，下面我们来详细说明。

  团队领导选定核心成员，召开小会，来起草OKR。这些核心成员最重要的资格就是熟悉团队业务，人员的数量在要点一强调过了，人员的资格和数量可以保障业务范围全面、高效率。由于每一个OKR的内容不尽相同，核心成员要适当调整，当整个团队的成员都在不同的OKR中担任核心成员时，团队的战斗力和执行力都会空前高涨。

  首次会议的OKR起草尤为重要，应对于这个OKR的重要问题，要无所保留地提出和讨论，之前的决策很有可能会有所调整。这时不要犹豫，如果把既定的决策作为制定OKR的绝对指导，那么其实是我们前面说过的目标降级的问题，这时讨论的不是OKR制定，而是已有的目标如何执行，这会导致OKR的提升和优化的功能无法发挥。这一步，团队领导的关键在于守住目标的底线，放开目标的上限，保障目标不低于原有的决策但不受限。团队核心成员的关键在于对自己、对团队、对领导有信心，知无不言、言无不尽。会议开始后团队领导要做的就是一系列的说明，关于本次OKR的内因外因，方方面面，总的原则就是详细，接下来的会议内容基本上是一轮轮地提问，对于OKR越了解，团队核心成员越能把掌握的团队能力落实到具体的关键结果上，随着关键结果具体化，目标必然会有所调整和提升，团队领导和核心成员就变化进行资源、人员、能力的优化整合。有了高度管理视角的保障和实际业务能力的支撑，起草出来的OKR同时具备挑战性和务实性。本次会议的成果就是OKR的草案，应该符合前面阐述的OKR制定模式，简洁明了，主体部分最好一页纸能写完，同时参会成员要对目标和关键结果详细分项，每一项都具体到人，以应对后续全员OKR的讨论和答疑，并且根据沟通和反馈进行调整和优化，至此，第一轮OKR

的起草会议就可以宣告完成。

接下来就是团队全员的OKR讨论会，在要点二中我提到了双盲沟通，这是经过多次实践，找到的支撑团队OKR的有效方法，团队最可怕的情况就是"兵不知将，将不知兵"，每一个团队成员都十分努力，但是努力的方向和团队的进展方向完全不一致，团队领导会多吃力？多费心？团队领导确定的方向，与团队成员的优势和愿景完全相悖，团队成员是不是劳碌无功？如果团队陷入如此情况，前景和未来都无所期待了，剩下的只是无奈地维持。究其原因，是信息不对称，执行OKR管理方法正好能有效解决这个问题。在制定OKR之初，就要让整个团队意识到由于信息不对称带来的认知偏差，所以在团队全员的OKR会议上要给出相互深入了解的机会，具体方法就是公示OKR草案，鼓励团队成员畅所欲言，不要急于解释和限制。详细记录讨论的结果，理清与OKR草案不同点的源头，至此，本次会议就可以宣告完成。

然后团队领导与核心成员召开讨论会，综合自上而下、自下而上两种视角，排除不切实际、工作局限等因素，这个会议环节可以排除双盲沟通，有了开诚布公、自下而上的沟通，领导对于团队的常识性盲区就可以排除，目标和关键结果必然务实；对比自上而下和自下而上的结果，团队成员对于团队发展前行的局限性盲区，也精确定位了；将常识性与局限性盲区的内容和解释整理清楚，结合上下双向调整优化OKR方案，整理出几页OKR具体方案加注解，本次会议宣告完成。

这时就可以召开团队全员会议，由团队领导公布本次OKR方案，由核心成员对OKR的详细项目进行讲解并答疑，将OKR方案发送至团队每个人，确保全员明确团队在这个OKR中的目标是什么，首要负责人是谁，关键结果是哪些，如何达成，每一项关键结果的负责人是谁，明确团队每个成员的工作量和关键点，明确OKR的评估与奖惩机制。至此，通过会议来制定OKR就圆满完成，接下来就是用心执行，完成OKR。

OKR方法的核心就是达成目标，如果我们用这个思路去训练自己，那么一定可以更快更好地达成目标。

我给大家分享下我的一些训练方法，希望有所借鉴。

首先，要了解自己的生活和工作环境。这里需要细致了解家里的空间和公司的空间。

其次，画出草图。自己画个草图，空间思维强的可以在头脑中具体呈现。

再次，着手对必需物优化：每周从桌上撤掉一样物品。

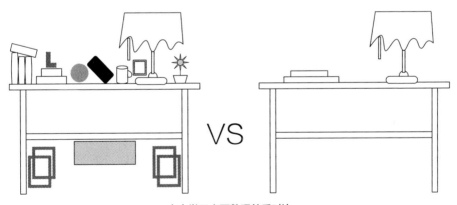

家中学习桌面整理前后对比

最后，重复上一个步骤，直至桌面优化到适合学习和工作。让你现有的工作、生活的大环境和小环境逐步优化，让你和OKR零距离接触，让OKR来训练和调理你，让你达到更优化的状态。

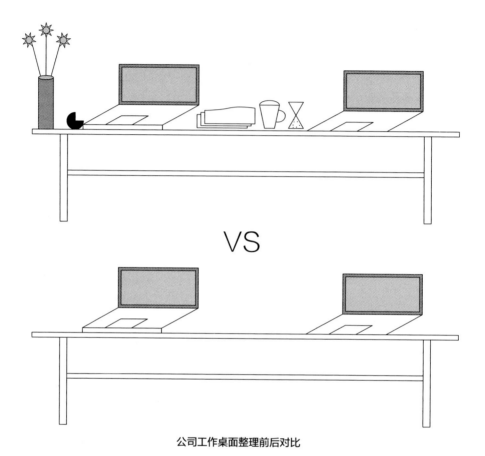

公司工作桌面整理前后对比

对照这两张图，对你的空间进行优化，对你的工作和学习必需物品进行优化。

工作、学习和生活空间优化后你的状态一定会有些不一样，做起事情来效率更高了，心情也更好了。还等什么？去试试吧，画出你的空间图，来优化吧。

四、用OKR规范自己的各种动作

我们在做事情时，很多事情最好的执行方式就是肌肉记忆，思考后再去做，时间消耗更多，结果差异也大。利用肌肉记忆直接执行，结果相对一致。我们可以通过前面的规划练习，定个小目标——把更多生活和工作的事情，固化成肌肉记忆。

美观的动作好看归好看，但动作的指标是完成关键结果，实现目标。通过肌肉记忆可以让所有的动作开放流畅、幅度降低、充满节奏感，让大脑中负责运动思考的前额叶皮质，将动作的控制权下放给基底核，大脑这时就可以受无意识控制。

再高超的程序员编程时，也要敲代码。但是敲打的方式是能看出水平高低的，敲打键盘，声音流畅，甚至有节奏感，这绝对是高手。另外，用固定的手指和手势换行、删除、缩进等，也都是自己的思路和风格的体现。

一个优秀的编程团队，你直接听听他们工作时敲打键盘的声音就知道了，不仅每个人都有自己的节奏和频率，而且大家还能自然"合奏"，我一位朋友有幸连续带了几次这样的团队，后来加入新人的时候，他只要把新人放在自己附近工作几天，就知道把新人安排到什么位置，工作效率最高。我也多次去聆听过这个"乐队"演奏，确实感觉到他们很多事情交流就在不言中。

还记得庄子讲的庖丁解牛的故事吗？找到工作的窍门和节奏，不管是什么样的工作也能做到得心应手，还能做出自然的美感，并且符合养生之道。

首先我们要做的就是规范和练习，记得本节开头的小计划吧？那么我们通过哪些关键结果实现呢？工作林林总总，内容千差万别，虽然不能一招解决所有问题，但是当下太多的工作需要用到电脑，终身学习时代来临，用电脑打字和阅读资料成为绝大多数人工作中的一项，我们就用这项来规范和练习吧。

其次，找出你最喜欢的两首歌曲，最好是纯音乐，这样形成节奏比较快，变化少。一首倾向于听了行动起来，用于打字；另一首倾向于思考和记忆，用于阅读资料。

熟悉下你常用电脑的按钮、键盘、接口，统一下你个人和公司电脑的操作系统和软件的品牌和版本，记忆下你常用软件的操作键和快捷键，在电脑硬盘中建立三个文件夹，一个放置临时文件，一个放置写完的文件，一个放置阅读的文件。

然后根据自己的习惯调整键盘、鼠标和座椅。这时就可以开始写文件和浏览了，前10次都要分析下，是哪些东西和动作，影响了效率和成果，选的音乐节奏如何？逐步调整到你最优的状态，这时就不要再改了，用这个模式持续一个月，直到你不用听音乐也能有节奏地完成手上的事情。再巩固一个月，起码这件事你可以有节奏地用肌肉记忆来完成了。

其他的工作和生活事件可以参照这个来，大家后续开发出好的方法记得和朋友分享哦！

五、用OKR将工作环环相扣

以打网线为例说明工作如何环环相扣。

打网线需经过以下七个环节。

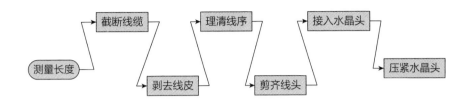

目标：将七个环节有机地连接起来，提高工作效率，保质保量完成工作。

关键结果：需要以下三个环节。

第一、有序处理废弃物，保持整洁的工作环境，提高工作效率。

2000年夏季的一个上午，冯经理去视察负责的网络工程部机房，在局域网线路汇聚点，看到了一位年轻的实习生双手布满创可贴和绷带。

"你在干什么？"冯经理问。

"在打网线"实习生回答。

只见实习生的衣服上，地上到处都是各种线头。

冯经理问："哦，做得怎么样？"

实习生回说："还不错。"

冯经理歪了下头说："这是你觉得，我可不这么看！"

然后，冯经理摇摇头转身离开了。

留下当年的我——那个实习生，在那里想着：为什么有人看到我辛辛苦苦工作，却这么说。

跟当时团队的其他人不一样，我那时还在上学，性格十分内向，一点实际工作经验都没有，虽然在学校学的专业是计算机，但是毕竟没有实践过。为了锻炼自己，求一位老师帮忙在暑假其间找了一份实习工作。工作开始后由于经验不足，只分配到了最简单也是最枯燥的工作——打网线。

几天之后，再次见到冯经理，还是那个地方，那个时间。

他静静地看了一会儿，对我说道："把你手上的事情放下，跟我走！"

冯经理带我来到他的办公室，严肃地说"还算能吃苦，想学点东西吗？不怕辛苦的话我可以教你！"。

我反问道："太好了！我需要怎么做？"。

接下来两周的时间，冯经理要求我和他一起去视察工作。

在这段时间内陪着冯经理视察工作，对我来说是最基础的工作课程，如此的真实，比如：废弃的数据线、打错的孔、拧不上的螺丝。而经验、智慧就藏在不起眼的地方，显得微不足道。

冯经理对我说："如果不会收拾，你就不会工作。"我内心想：谁还不会收拾！

又听冯经理说道："你工作不怕吃苦，这很好！但是你发现他们比你工作快吗？"

"是的，发现了！我做两个小时还抵不上他们一个小时的工作，他们确实比我熟练，我会多练习的。"我回答道。

"熟练确实可以提高速度，但外在条件同样至关重要，那就是收拾。

你都是做完工作再收拾，是不是还当自己是在学校的实验室？看看小李他们，他们都是边工作边收拾。"

对当时的我来讲，熟练地掌握技术，出色地完成工作，十分重要，是我的唯一目标。

冯经理的指导，谈的却不是为工作而简单的工作，而是将工作提到指导工作思路的高度。

有一份工作很重要，会工作比不会工作，不论时间，还是精力都要胜出百倍。

有序的工作流程会提高你的工作效率！

我们回到当初冯经理见到实习生的情景：看到了一位年轻的实习生双手布满创可贴和绷带。

打网线是否需要创可贴和绷带？

追其原因，是工作方法不得当造成的，缺失的环节是收拾废弃物。

回顾打网线的基本常识：剥线会产生线皮，排线序会造成磨破手皮，剪齐线头会产生废弃线头（容易被扎伤），压水晶头会磨手皮。

随着网线数量的不断增加，产生的废弃物也会不断增加，废弃物越来越多，很难有一个整洁的工作环境。

废弃物混合堆积在一起，在高效的工作中，很容易伤到手，这就是为什么会看到创可贴和绷带的原因。

收拾工作台之所以重要，并不是看到周围乱、没有地方放东西，才要收拾。

事实上，整理环境有助于精神保持在最佳状态，那么应该在什么时候收拾？

冯经理说出了答案：随时随地。

随时随地收拾 VS 做完再收拾，就是高手和一般人工作最大的差别。

如果我之前打网线时，不时地把工作台和周边收拾干净，那么这个环境就会支持我保持清醒的头脑，工作的节奏和思路就不会被打乱。

我当时是做完再收拾，工作时间越长网线与废弃物堆积越多，造成思路不清晰，失误就多了，速度自然快不了。

第二、亲手打造适合自己的工作环境。

我们无法保证大环境的整洁，但可以打造自己的工作环境，配备提高工作效率的必要物品，比如，两个工作台，平盘，小垃圾桶，大垃圾桶等。

第三、随时随地收拾废弃物。

案例继续：我向冯经理申请暂停几天考察，先做几天工作，他十分高兴。

第二天冯经理亲自给我示范打网线：测量长度、截断线缆、剥去线皮、理清线序、剪齐线头、接入水晶头、压紧水晶头。

他手法流畅，重要的是工具、耗材放的顺序十分合适。

冯经理打网线产生的废弃物，本来就比我少，还时时收走，不到一小时，就完成了我一天都做不完的工作。桌面和地面就像没工作过一样。

在接下来的工作和视察中，我观察其他的同事如何工作，找到关键点，从中学习。

我开始学会了一些小技巧。

比如打网线时，不应该直接在桌子上打，也不是直接就着垃圾桶打，而是在桌子上放个平盘，把线头、线皮切拨到里面，有些存量后，就拿着盘子直接倒进垃圾桶，这样桌子和地面一直都是干净的!

工作开始前，把办公桌上的东西紧密有序放置，更能维持环境整洁。

工作结束后，必须将所有工具和耗材物归原处。一旦松懈，混乱就会一发不可收拾。

我的桌子如果不干净，袖子和前襟就可能沾到线皮，工具和背包也会被弄脏，所以只要看见哪里有点脏了，我就会立刻整理干净。

调节工作节奏，注重环境整洁。我因为刚刚开始工作的原因，技术水平不高，要做到工作和整洁兼顾，没那么容易。

我在工作中出现的问题，对冯经理来说是一目了然的。他指导时，的确很有耐心；但教训时，更是毫不客气。完全没把我当干两个月就走的实习生。我也逐渐发现团队成员之间可以相互影响，这个团队的成员都是冯经理多年带出的精兵强将。他们负责的工作环境，干净整洁；而我若不是这样，就太没面子了，而且还拖累别人的进度，更是伤自尊。

随着养成随时随地收拾的习惯，我出现了变化：办公桌越整洁，做事的速度越快；办公桌越整洁，做出的工作成果越高。我对工作的细节要求越来越讲究，工具、耗材整洁有序，我开始感受到工作的乐趣。

一段时间之后，和同事们一样，我也在工作结束后，手、脸、衣服依然干净整洁。工作进度逐渐和大家同步，不用再被照顾，更不会拖大家后腿了。

冯经理和同事们也开始教我综合布线、网络设备安装调试、服务器安装调试等更多的工作技能。

两个月的实习期结束后，冯经理为我保留了一份兼职。我时常还会和团队一起工作，后来我还把一些网络工程后续的技术带入团队。比如网络故障精确诊断、软件安装调试等，冯经理带着几个技术员一起学习并掌握了。

其实现在回头来看，那时候我已经运用OKR方法了，定一个目标让工作有序进行，关键结果是随时随地收拾做好工作保障。

"一项工作的结束，并不是完成，而是下一项工作的开始！"多年来，冯经理这句话我一直清晰记得，也和很多朋友分享过。

高手比一般人高在哪里？就是做事环环相扣，单看某一个时间段，似乎高手也没什么了不起，但是高手可以在较长时间里保持这个状态和速度一直做下去，这却是一般人很难做到的。

2003年的冬天，我正式入职一家集团公司负责网络信息化工作。

我接手的第一项工作就是负责集团分公司的网络建设工程。

乙方的负责人正好是冯经理，我当时的领导介绍我们认识时。

"我认识他，这个小伙子很有能力。"冯经理见面这样说道。

当年那个满手创可贴，打网线供不上的实习生，现在要和他并肩作战了。

在刚刚接触工作之初，甚至工作很多年后，总有人不知道自己的目标是什么？也就无从谈起支撑目标实现的关键结果。

我们再来看看前面的案例，我从网线都打不好的实习生是如何快速地学习，后续成长为独当一面的管理者的。

首先我的目标并不是打好网线，而是如何做好工作。这时冯经理看出了我的努力，进行了指导。冯经理的目标不是想带出一个熟练的工人，而是想培养一个有前景的工作伙伴，所以他教给我如何做到工作中环环相扣。当我掌握时，胜任基础工作这个关键结果我就达成了，冯经理确认我具备进一步提升潜力的关键结果也达成了；后续通过冯经理的悉心指导，将工作和成长环环相扣起来，这样我能够胜任更多工作这个关键结果达成了，冯经理确认我与他工作合拍这个关键结果也达成了；再之后高校的理论与工作的实践不断地结合，这一环也扣上了，这时我就可以从理论和实际工作的双重视角，来看待问题，对待工作，我可以进一步提升工作能力这个关键结果具备了，冯经理培养一个有前景的工作伙伴的关键结果也具备了。这个阶段的完成对我来说从接触工作到做好工作的目标已经达成，对于冯经理来说培养一个有前景的工作伙伴的目标也就初步达成了。后续我们再进行项目合作也就有信心和默契了。

六、应用OKR消除障碍

工作和生活中不可避免会有一些事情在阻挡我们做事。把这些事情列一张清单出来，也作为一个OKR，目标就是逐步清除它们。我们在锻炼身体的时候可能会背上沙袋提高自己的耐力。但是在真正的工作实战和日常的生活中，我们希望生活美好，工作完美，不希望自己也不希望别人为我们负重前行。

只有休息好才能工作好、生活好，我们设定的第一个目标就是清除影响休息的障碍，保证随时上床就可以睡觉。睡眠好的人，绝大多数都十分重视床，关于床有一些必须遵守的信条。我交流来的经验有：睡眠之外的一切东西一律不能上床，食物不行、书本不行、电脑不行……任何不直接用于睡眠的东西都不行，任何会干扰睡眠的东西都不行。会生活、把生活写成名著《闲情偶寄》的李渔先生，曾这样说过："床也者，乃我半生相共之物，较之结发糟糠，犹分先后者也，人之待物，其最厚者当莫过此。"大概的意思是说，床一直陪伴着我，比妻子还早好多年陪伴我，人最应该对床好。选床垫、床单、枕头、被子等都应该适合自己，不能马虎，很多人出差时特意带着自己的枕头，不就是为了更有利于睡眠吗？

从对待床的重视态度，进一步延伸到周围的环境。如果有机会，你可以参观下那些精力充沛的朋友的家，从卧室的床往外，逐项去看，一定能看出他（她）平日的风格。我就曾经参观过一个朋友的家，从床开始，卧室、客厅、厨房、卫生间，物品摆放整齐并且紧凑。"为什么你的东西都放这么紧凑？有点居家办公的范儿啊！"，他说："我很少把工作带回家，如果不把一类东西紧紧放在一起，各类东西之间的分隔就会变小，一旦变小，离混在一起也就不远了，一旦混在一起很快就乱了，东西一乱花费的时间就多了，家里花的时间多了，工作的时间和事情也就开始乱了，最后所有的事情就乱成一团。所以清除混乱最好从最细微处开始，越晚越不好清除。"

最近有很多极简工作和生活法，我们可以把这些内容设定为OKR，来打造自己的工作和生活空间。去掉那些可能会阻碍我们的东西，给自己一个舒适的空间。

想象一下，现在我们要开始工作了，如果在一个狭小局促的空间工作，周围的环境十分脏乱，你的心智是不是会开始封闭？会不会感觉压抑？心情美丽不起来，严重的还会出现幽闭恐惧症。这时把周围非必要的东西都移开，脏东西也都清理了，空间豁然开朗，环境整齐干净，你是不是高兴得立刻想深呼吸？

在工作和执行中谈到呼吸，这一点都不奇怪，科技界和企业界的两位名人乔布斯和马云有一个共同的爱好，那就是热衷于禅修。禅修的核心就是呼吸，在我国古代，呼吸被提升为养气、吐纳、练气。

我们不是要在这里讨论禅修，而是要说工作中如何应用呼吸，如何调理我们的呼吸，用最好的状态和心情去工作。你可以测试下，不按你平常的呼吸频率去工作效果如何？ 100%的结果都是做不好。其实要在工作中应用呼吸达到最好的状态，也很简单，就是定下OKR，对那些影响我们工作状态的呼吸频率和方式，进行优化。

有本书叫《工作是最好的修行》，但是有多少人工作是纯粹为了修行呢？我们为什么要做好工作？更多人还是期待工作带来的回报，工作中我们会遇到种种的事情，顺心不顺心都会有，不处理好就会影响心情和生活。但是呼吸是一直伴随我们工作的，直接影响工作成果和心情甚至身体健康。如何在工作中通过OKR消除不规律的呼吸，从而有序呼吸，直到能在工作中修行呢？记得前面说过寻找适合你的音乐节奏吗？这个音乐节奏既然能适合你，进一步和这个音乐旋律合拍，跟着这个旋律呼吸，第一步就是把工作中和这个旋律相抵触的事物清理出去；第二步逐渐把其他类似的节奏同步成这个旋律；第三步持续这个旋律工作一段时间，到不必听音乐，身体自然呼吸也是这个节奏；第四步找一些冥想吐纳的教程，来深化升级你的呼吸。这样下来虽然未必能让你的工作成为练气的修行，但是起码你从这样的工作中可以得到乐趣。

应用OKR清除我们工作和生活中的障碍，逐步把生活和工作区域中必不可少的部分留下，其他的部分逐渐做减法清除，确定一个时间周期，最后留下的都是支撑你工作和生活的必要之物，然后逐渐增加给你工作和生活带来增速和幸福的事物。

保持一种不断严格要求自己、永不自满的心态，持之以恒地执行下去。

OKR 执行结果
的评分和总结

本章内容和大多数的OKR方法有极大的不同，是我根据自己的研究和实践，在原有OKR评分基础上升级出来的更适合我们国情的评分和总结的方法。我称之为国产化OKR评分体系，如果你之前或者以后读到其他OKR评分方法，不要迷惑，没有谁写错了，只是其他人的思路和我优化的思路有所不同。

我们国家现在的发展速度和水平，在我们学习国外的方法时，已经从全盘接受，到可以调整适应了，不过需要在认真研究和大量实践后才可以做到，上来就想批判地接受是不行的！

OKR从制定到执行完成，我们完成了目标，可这还没有结束，要想不断获得突破和提升，总结是少不了的。总结时要不要评分呢？围绕这个问题，很多人分成两派争论不休。一派主张OKR可以总结但是一定不能评分，一旦评分了，就会让OKR僵化，最终沦为KPI；另一派主张必须评分，因为国外的OKR体系中是有评分的，一定要依照国外的这个体系执行。

究竟谁对？两派都有道理，但是都不利于在我国推广OKR，首先KPI管理不是不好，而是很多人力资源部在制定KPI时没有平行沟通，直接把公司的指标分派到各部门，再加上一些不自信的人力资源部负责人担心公司指标完不成，没有根据地提升了考核指标，造成大多数指标根本无法完成，员工和部门相互甩锅，越来越乱。

OKR方法也是如此。

首先要从管理的高度，分析OKR能做什么，不能做什么；然后去应用OKR；最后总结评价。

目标达成后自然要总结评估，如果不评估怎么能知道完成状况？怎么保障后续能力的提升？担心员工积极性受打击？我们的同胞都是从小学一路考过来，谁没见过分数？谁没发挥失常过？你以为我们是那些欧美没经过考验的"温室小花"吗？照搬国外的考核方式也有很大问题，国外的评分标准基本都是单项目标1分为满分，整体OKR满分10分，而且鼓励向下打分。这和国外的学习考试的分值体系相似，但是我们国家的分值体系不是这样，给从小看惯60分及格，到了高考90分及格的人们，打个8.5分？9分？从第一眼看过去就崩溃了。

那怎么办呢？只提意见找问题，没有解决方案是不行的，经过多年的研究和实践，我总结了一套基于OKR方法，基本适应我们国情的OKR评分体系。在这里分享给大家，希望能解决很多个人和团队，OKR执行后打分还是不打分的问题。

一、适应国情的OKR评分体系

首先，OKR执行结果必须总结打分。

既然打分是必要的，那么我们按10分制和100分制同时来做，比较一下。

用OKR来解决下这个问题，我们总结评分的目标是什么？我们的目标是个人和团队越来越好，分数只是一个体现，作为下一个OKR的基数参考，也作为个人激励警醒的关键值。

财务中心2020年3月OKR评分表

序号	目标（O）	关键结果（KR）	完成比例	评分（10分制）	评分（100分制）
1	优化财务管理流程	KR1：梳理现有所有流程，找出原有关键流程	80%	8.5	85
		KR2：收集信息，判断筛选出需要优化的流程和节点	70%	6	60
		KR3：综合诊断分析	40%	0	0
2	预算建模	KR1：与各部分负责人访谈至少两遍	100%	10	100
		KR2：与CEO每周至少沟通2次	100%	10	100
		KR3：梳理业务模型、业务流，确定收入、成本费用产生的关键环节	80%	7	70
		KR4：确定预算科目、分类分级	80%	7	70

从上表可以看出，更适合我们国人心理的必然是100分制，这毋庸置疑，有人在这个选择上面想坚定执行国外的分制，我觉得这个大可不必坚持。

被打分的对象分为三类：第一类是我们自己；第二类是他人；第三类是其他团队。

我国军事家孙武说过："知己知彼，百战不殆！"，既然我们评分的目标是促进发展和提升，那么我们一定要了解被打分的对象。

一般来说两种情况是最需要发展和提升的，一是工作完成十分轻松，但是找不到提升方向；二是工作完成十分吃力，结果总是差强人意。

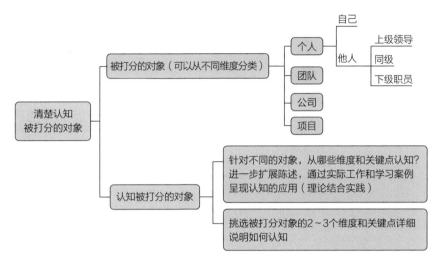

清楚认知被打分的对象

应对这两种情况应该如何评分呢？

第一种情况的根源在于这些轻松完成工作的学霸、工作狂，确实能力强、智商高、上手快，工作确实完成得很好，但是不时有些飘飘然，对工作认真和负责的程度会逐渐下滑，如果不提升，后面就会出错，平庸下去。应对这种情况最好的方式，是认可他们的成绩，让他们发现自己的不足，具体的打分方式就是给他们实行阶段OKR按百分制打分，但是各项目标按权重计算各阶段得分。

等这些学霸、工作狂拿到评分表，首先对于没有得到100分就很恼火，等他们努力认真做完下一个阶段的OKR，拿到了总分满分，看到自己居然还有单项评分不足60分，这些佼佼者，经常把"优秀的人做什么都是优秀的"挂在嘴边的人，只会更加努力和拼命工作。经过激励和警醒，这时他们提升和发展的前景路线就十分明了了，至于在几个阶段OKR后如何避免单项分值不及格，会在下一个小节详细说明。

财务中心2020年3月OKR评分表（部门总分100分）

序号	目标(O)	关键结果（KR）	权重	评分（100分制）	得分
1	优化财务管理流程	KR1：梳理现有所有流程，找出原有关键流程	5%	100	5
		KR2：收集信息，判断筛选出需要优化的流程和节点	10%	60	6
		KR3：综合诊断分析	10%	50	5
	小　计		25%		16
2	预算建模	KR1：与各部分负责人访谈至少两遍	5%	100	5
		KR2：与CEO每周至少沟通2次	5%	100	5
		KR3：梳理业务模型、业务流，确定收入、成本费用产生的关键环节	20%	75	15
		KR4：确定预算科目层级、分类、分项	20%	50	10
	小　计		50%		35
3	清晰界定核算主体	KR1：梳理股权结构，标记清楚法定代表人、股东、持股比例、纳税人规模等	5%	100	5
		KR2：确定各个主体的主营业务、产品、服务等	10%	100	10
		KR3：根据土体业务，匹配相应的部门、人员	10%	100	10
	小　计		25%		25
合　计			100%		76

第二种情况更普遍，不管多么不想承认，我们大多数人还是相对平凡的，没有过目不忘、一目十行、举一反三的超强能力，也没有永动机一样的体能和精力。努力工作也就是个合格，偶尔能良好就惊喜万分了，不敢奢求优秀，更不敢妄想满分。这时怎么办？按照上面这个OKR评分表的评

分方式总分经常拿个60分，再看看各个分项目标，惨不忍睹啊，我们还要再做下去吗？

我们评分的目的是什么？我们的OKR呢？我们的目标和关键结果呢？让为数不多的精英变得更强是目标，但是让更多的人变成精英才是更广泛的需求！

有谁甘于平庸呢？我的偶像李昌钰先生，少年时并没有表现出过人之处，只能找到最基层的警察岗位，但是他一直为了梦想奋斗，再度学习终于获得博士学位，从基层岗位做起，直到屡破大案成为国际鉴识专家，实现了"让不可能成为可能"的理想。

从平凡到不凡首先要有梦想，这是谁都无法帮你的，有了梦想才有前行成长的动力，这时外力才能推动你。

具体如何评分才能支持从平凡到不凡呢？

也很简单，就是单项满分100分，不管我们的阶段OKR有几项，我们把每项的分值定为100分，分配给每一个关键结果。这时只要阶段OKR中有一个目标完成得很好，在我们的评分表上起码就有一个好成绩了，如下表所示。

这可不是教大家自我满足和对别人放低要求，以我多年监督自己成长和多年团队建设管理的经验，牛人能管好自己，领导能带好精兵强将固然是好本事，但是自身从平凡到不凡，能带领原本平凡的团队获得成功，更是了不得的能力。除了关心、理解和包容，最重要的就是要学会鼓舞和激励。

大部分人的信心，都是在一次次成功中逐渐树立起来的。在适当的范围内，用一些可预期达到的成功，给自己和团队树立信心，逐步变得更加优秀，这是一条相对容易获得成功的道路。

财务中心2020年3月OKR评分表（每个O总分均为100分）

序号	目标(O)	关键结果（KR）	权 重	评 分（100分制）	得 分
1	优化财务管理流程	KR1：梳理现有所有流程，找出原有关键流程	20%	100	20
		KR2：收集信息，判断筛选出需要优化的流程和节点	40%	60	24
		KR3：综合诊断分析	40%	50	20
		小　计	100%		64
2	预算建模	KR1：与各部分负责人访谈至少两遍	10%	100	10
		KR2：与CEO每周至少沟通2次	10%	100	10
		KR3：梳理业务模型、业务流，确定收入、成本费用产生的关键环节	40%	75	30
		KR4：确定预算科目层级、分类、项目	40%	50	20
		小　计	100%		70
3	清晰界定核算主体	KR1：梳理股权结构，标记清楚法定代表人、股东、持股比例、纳税人规模等	20%	100	20
		KR2：确定各个主体的主营业务、产品、服务等	40%	100	40
		KR3：根据主体业务，匹配相应的部门、人员	40%	100	40
		小　计	100%		100

那么我们什么时候能确定自己已经不平凡了？这个其实也很好检验，当你发自内心想严格要求自己，开始用总分100分的评分表来考核自己时，你就真的已经不平凡了。

如果你在用OKR时还有点纠结，到底是否该考核评分，可以先试试我的方法，虽然考核评分但分数体系本土化了，起码是个中庸之道，比犹豫不决的结果要好很多呢。

二、适合自我成长的OKR打分方式

管理就是管细节，细节中藏着魔鬼，细节决定成败。

我们确定要在OKR执行后考核评分，应用了更适合我们国人习惯的百分制，为了达成个人和团队成长和发展这个目标，OKR中的重要细节，关键结果如何打分呢？

关键结果的打分并不简单，如果多阅读一些OKR英文的资料，就会发现他们是主张给严苛的分数的，也就是故意打低分。这个方式我们要不要沿袭？

还是带入OKR，来看看问题的本质，打分的目的是什么？OKR方法的形成伴随着美国公司从电脑化到网络化的进程，在这个进程中，企业不断地淘汰不优秀的人，迫使从业的人员快速提升能力，来适应社会的发展和逐渐出现的竞争。这里面根本的原因是美国的经济和科技一度走在世界最前沿，社会阶层趋于固化，国民散漫惯了，奋斗精神不足，所以才要如此刺激。

再看看我们的祖国，情况完全不同，虽然一百年前曾经落后过，但是随着这些年大家万众一心，我们已经飞速追上来，经济和科技一直在高速发展，绝大多数国民都在自发努力拼搏，勤劳是极其普遍的状况，需要的是适当的引领。

我们可以借鉴国外OKR的评分体系，但是不能照搬他们的打分思路。

我总结的思路有以下两点。

第一、要适当打高分。不管给自己打分还是给别人打分，都要适当打高一些，自己做的事情自己最清楚，大概能得多少分心里有数，合理的分数让人服气，但是适当的高分会让人欢欣鼓舞，哪怕是自己给自己的。很多人都认可兴趣成为职业是很幸福的事情，但是一件事情如何成为兴趣呢？最初的原因都是做这件事情能给自己带来喜悦感，喜悦感从何而来呢？实在找不到就从一个不错的成绩开始吧。"我大概能及格吧？啊！我居然能得70分！太好了我有点信心了！""这次我是不是能得80分呢？86分！我居然这么快就到良好了！再努努力是不是就能优秀了？""应该90多分吧？满分？！我确认没看错！这个方向我果然能做下去！"不过是几次阶段OKR的评分，每次也不过打高了十多分，最多也就是多发点奖金，但是却因此有一个或者几个人的能力在不断地提升，这点分数是不是太超值了！

这还是一般员工，记得前一小节我们说过的那些学霸、工作狂吗？如果他们学会适当给自己打分，或者你学会了适当给他们打分，想想成长的高手吧，只能不断地给你带来惊喜，这时你要不断锻炼自己的神经韧性，才能承受这个喜悦，不让惊喜变成惊吓！别笑！我就经历过。

那是一个"领导"我很久的我的助理，现在已经是一家具有相当规模企业的核心股东之一了。经过沟通，这段经历我可以讲出来，不过名字要隐去，我就称她为小美吧，毕竟她的颜值绝对当得起。

在我实践OKR其间，当然是先用自己团队练手了。因为应用OKR，团队各项能力和业务都呈现了指数级的增长，成员数量也大幅度增长。为了应对激增的管理事务，一件事情提上了日程——我需要一个助理。由于团队人员增多，收益体现还需要时间，助理的编制虽然审批下来了，但是岗位待遇很普通。经过一番筛选，我选择了助理经验为零，但是我认为潜力很强的小美。

就这样没干过助理的小美和没用过助理的我组队了，开头的几天我习惯性地把类似日程安排、费用报销等事情，安排给她。但是几天下来办公桌上的文件堆积如山、文件签字重复好几次，怎么办？我从来不会轻易放弃一个看上去有潜力的人。这时我就自我反思了下，小美没有相关经验是事实，我现在的团队当年都是被我用"直接扔下水，就能学会游泳"的方式练出来的，目前时间不允许，而且既然实践OKR方法，那就直接把工作合格作为小美的第一个OKR来考核。

我安排出时间和小美深入沟通，首先认可这几天她工作十分努力，承认自己没有做适当的指导，同时也指出了她工作中的问题。

果然我没有看错人，听了自己的工作存在问题，小美没有消极失望，而是真诚地认错，询问我应该如何做。下面是我们的对话。

"咱们这样，前几次部门讲OKR你也听了，就用OKR来让你的工作做得更好如何？"

"好啊，那我具体怎么做呢？"

"首先我给你定下一个目标，在一个月内成为合格的助理，这个时间周期你有信心没？"

"我有信心！"

"好，目标有了，我们来定几个关键结果：我会把我和部门日常需要处理的事情和期待的结果，列一个清单给你，这成为你的基本盘，完成这个清单上的内容就是一个合格的助理了，这是第一个关键结果。"

"好的，我知道了。"

"不要着急说知道，大部分人在说知道时往往并不知道，你知道了基本盘，你能确认自己可以弄明白所有事情吗？"

"我不确定。"

"这就是我们要定的第二个关键结果，对自己和对我都不要有任何含糊和搪塞，不懂或不明白就要问，问到明白为止，我看好你未来的成长，这个时间和精力，我愿意投资，好吗？"

"好！"

"第三个关键结果就是多交流、多听、多看、多思考，从其他助理那里多学习，这件事主要靠你自己，我能给你的支持就是我和她们的关系还不错，不会因为我拒绝你，但是如何让她们接受你，就要靠你自己了，如何？"

"没问题！"

这一个月对我这样一个习惯把"我说的必有深意，执行就是"作为口头禅的人来说，说明和讲解都是一个考验。

就这样一个月的时间开始启动了，现在回想起来依然觉得我们都很不容易。对我来说很多工作从自己做一次，变成了做两次；对小美来说更不容易，不知道要修改多少次才能合格。

还好一个月过去了，在OKR总结打分时，我算算各项，如果严格一些的话，小美应该能得50分左右，虽然她能承受这个打击，但是下个月是她工作关系转正的关键时期，她能否做出更好表现呢？我没有犹豫，既然看好她，那就支持她！就这样我给小美打出了 65 分的成绩。拿到分数的小美明显能看出欣喜的样子。

我又约她谈了一次，我们的对话如下。

"恭喜，对于助理工作你已经初步合格了。"

"我要多谢晁哥的帮助，找个时间请你吃饭吧。"

"好啊，我看看时间，你选选地方，我的口味你也了解。"

"好的，我定个地方和你约时间。"

"吃饭是小事，我想和你谈谈下一步的工作。"

"好的，您说。"

"一个月初步合格，非常不错，但是我想你对自己的要求不仅仅如此吧？我对你的期待也不是合格了就止步。"

"我确实想做得更好，而且这段时间我也经历了咱们团队很多事情，在这里发展的机会很大，我想做得更好，学习更多的东西，说个可能你不爱听的话，我不想总是做助理。"

"哈哈，这个我很爱听，时间长了你会看到咱们的团队成员，都是有梦想、肯努力的人，我这个人优点不多，喜欢和有梦想、能力强，在自己专业和职业领域超过我的人一起合作，算是一点。梦想你具备了，希望你尽快提高能力。"

"好，晁哥再帮我定一个 OKR 呗。"

"嗯，上次我们的目标是做一个合格的助理，这次我们定的目标就是成为一个优秀的助理，好吧？"

"好的，那么优秀的助理有哪些要达成的关键结果呢？"

"第一个关键结果就是从能处理我的事务，到能处理好我的事务。经过一个月时间，你对我、团队、公司都有所了解了，也看到其他助理是如何做的。这时就要运用你的智慧提出问题、发现问题、解决问题，在每件工作完成后，做总结和复盘，找到其中的不足和提升的方法。简单来说就是在你之前多问、多看、多听的基础上，再加上多观察、多思考。能做到这点，就是优秀助理的基本盘了。"

"嗯，我记下了，现在就开始做，有疑问再向您请教。"

"好，第二个关键结果就是责任感。从要把工作做好，变成我的工作必须做到优秀，这样从做工作，变成融入工作，成果会完全不同。"

"嗯，我有点感觉了，我尽快试试看。"

"第三个关键结果就是融入团队。办理团队的事情，不仅要知道怎么做，还要了解事件的原因和轻重缓急，给事件排序。"

"嗯，这一点我要加强，晁哥你和大家也说下呗，支持下我，多给我讲讲他们的工作。"

"没问题。"

接下来的这个月，我的工作量明显减少了，很多的日常事务小美都能处理。小美做得很辛苦，不过能清楚地看到她眼中满满的斗志。

到了月底，我的电脑上显示着两张关于小美的表，一张是我们部门的OKR 个人评分表，另一张是公司人力资源部关于小美的转正评分表。我看了看小美的OKR 完成情况，心算了下，大概得70分，还不错。再看看转正评分表——60分，这个成绩在转正时不算高，大概率是不推荐转正的。我叹了口气，拿起电话拨通了人力资源经理的电话，确认她在办公室，我约了过去聊聊，她同意了。

下面是我和人力资源经理的对话。

"苏经理，我收到了你们部门给小美的转正评分表，打分人是你？"

"是啊，总裁特意交代要全力支持你工作，我为了表示重视就自己来做。两个月的综合表现很一般，小美没有工作经验也是事实，你看看是不是再招一个？我找时间和小美谈。"

"60分是合格，公司规定也是不推荐转正，不是不能转正，第一个月确实做得不好，不过本月她做得不错，按本月的表现，完全胜任这个工作。"

"那你的意思是想留下她？慎重考虑哦，转正后表现不好的话，想换人需要不短的时间。"

"我早就确定了，过来主要是想问个小事。"

"什么事？你说吧。"

"这个评分除了你我还有谁能看到？"

"评分中涉及工作的细节，按公司规定只有我们部门直接负责人，和被评人的直接上级可以看，其他人只知道是否合格、能否转正，也就是说只有你我两个人知道具体的分数。"

"那就好，分数就保密吧，我确认准许转正。"

"好吧，这是你的权限，你说了算，放心！我们是专业的，你不说，这个也是保密的。"

回到自己的办公室，我回复了转正邮件，转到OKR评分表，我思索了下，打了个85分，然后让小美来我办公室。

下面是我和小美的对话。

"恭喜你转正了！"

"太好了！可人力资源部给我说的是最近一周才会有结果，今天刚刚周一啊？"

"是的，这周任何一天我确认都可以，任何一天告诉你都可以，不过我知道等待结果的煎熬，既然能早一点为什么要晚一点呢？"

"晁哥，你太好了！"

"别着急高兴，先看看你的评分表。"

"啊！85分！我做到了！嗯？只有一张，转正评分的表呢？"

"转正评分表由人力资源部存档，你是看不到的，不过我看过了，分数和这个差不多。"

"太好了，这张表我能复印一张保存吗？我想留个纪念！"

"可以，不过等一会儿再去，我要和你说点事情。"

"好的。"

"再次恭喜你转正，我们要有很长一段时间一起工作。这两个月你做得很好，从零起点一路追上来，很不容易，以后的工作有什么想法？"

"OKR真是一个好方法，我以后的工作还是按照每月的OKR往前进行，晁哥给我定这个月OKR吧！"

"还记得你说自己不会满足于当助理吗？"

"记得，这一点我相当确定，我要努力做出成绩来。"

"好，现在要说的就是OKR不仅可以用在工作上，在个人成长上也可以用到。你以后的工作，我只给你设置一个关键结果，就是助理工作完成得很优秀，目标和其他关键结果交给你自己来设置，三个月为期，你来做我来打分，三个月后打分也由你自己来，给我一个成果就好。你个人的OKR，我给你设置的第一个目标是找到自己工作的长处，第二个目标是在工作中发挥出来，关键结果你自己来定。"

"好的，我执行。"

一年后，我进入了被小美"领导"的状态，日常事务自不必说，处理得井井有条，日程差旅都安排得十分细致，轻重缓急掌握得十分到位。她对于我和团队的工作提出了不少优化建议，也找到了属于她自己的领域——项目管理，通过自学、报班和在工作中实践，小美在这个领域越来越擅长。我们一起合作了三年，有一半的时间，她都在承担我们团队项目经理的工作，当然她的岗位也调整提升了，新的助理从招聘面试到适应上手，完全没用我操心。虽然日程被排得很满，不过整个团队还是挺享受这种幸福的小日子。

后来随着公司业务发展的需要，我们的团队分成了几个团队，负责更多的事情，小美也找到更适合她的机会，决定离开。虽然很是不舍，但好机会难得，我还是选择了支持。

一个月后，小美约我喝茶，见面后问了问彼此的工作进展。

然后有了下面这段对话。

"晁哥，你还记得当年我转正的事情吗？"

"啊？记得啊！"

"你看看这是什么？"

"这是你那期OKR评分表啊，还留着呢？"

"是啊，我还记得，我这个分数和转正的分数差不多是吧？"

"嗯，是啊。"

"人家说宁可相信世界上有鬼，也不能相信男人的嘴，真是这样，我离开公司时，私下去问了苏姐，差25分叫差不多啊！"

"哈哈，考试嘛！60分万岁，多一分浪费，本来就差不多。不止男人啊！女人的话也不能全信，答应保密，直接就把我出卖了。"

"我……我不是……其实当时知道自己没做好，给你添了不少麻烦。"

"谁都是从不会到会，后来你不也证明自己很优秀了吗？现在做得更好，以后有事找你，可得让前台放我进去啊！"

"我回去就把你的照片发给前台，见到你就请到我的办公室去，哈哈！"

每个人都有个成长的过程，不管自己还是他人，如果能够适当给一些鼓励，成长的烦恼会少很多，成长的速度也会快很多，用张OKR表写下自己成长的目标和关键结果，在坚持执行的同时也多分享给朋友看看，真正的朋友会支持你实现的。

第二、要打超出满分的成绩。有些人智商和能力都能轻松完成工作，但大多时候很慵懒，工作积极性不高，能力提升也不快。这时就要分配其关键结果的分数，使目标总分数超出满分。比如，三项关键结果的分数分别为33、34、36，这时总目标的分数就是103分。再加上适当的引导，可以收获奇效。

这里要和大家分享两点经验。

1. 给他人打超出满分时，一定要注意沟通引导，如果不把目标的总分细化分解到各个关键结果上，不仅没有激励的效果，反而可能助长其骄傲情绪或更加懒惰。

2. 给自己打超出满分时，一定要结合奖励，并且是超出之前同等情况的奖励，这个优秀状态才有可能固化为自身的常态。

　　本章的思路与一些强调 OKR 不要考核的思路不同，经过我多年对 OKR 和国内企业管理的研究与实践，考核和评分都是必要的。考核后，OKR 是失去意义还是发挥更好的作用，关键在于对考核的定位和应用。考核应该作为 OKR 执行的支撑关键结果之一，不能把考核作为衡量 OKR 的目标。不管对自身 OKR 的考核还是对他人 OKR 的考核，目标都是促进个人能力提升、支持个人成长和发展，考核是对 OKR 的完美支撑。如果手持 OKR 的考核结果，以管控支出、压低薪酬、压榨可支配时间为目的，否定自己、否定他人，不管 OKR 还是任何一种管理方法或思想，只要结合考核那就是作恶的工具。所以考核并不会拖累任何一种管理方法或思想，关键要看谁来考核，为了什么目标而考核。

　　不考核如何知道执行的成效？不总结如何提升能力？建议大家实践 OKR 时，初期可以参考我列出的评分方法，经过实际执行，找出适合自身和团队的方式，在不断总结中持续获得能力提升。

登上成功巅峰，定制下一轮 OKR

电脑和网络的出现，极大方便了我们的工作和信息查询。以前先动笔写稿子，再去玻璃板上改成终稿，到幻灯机上一块块玻璃板切换演示。现在直接做成PPT，电脑连接后直接投影出来方便了多少？以前查资料，要翻阅多少材料才能确定在哪本书上有记载？还要跑多少个图书馆才能找到需要的书籍？现在只要在百度输入关键字查询就好。

更便捷的是手机，我是经历过信件邮寄、有线电话、寻呼机、通信手机、智能手机这个发展过程的。

似乎我们的工作和生活越来越轻松了，但是2019年你和多少朋友面对面地见过了？再想想20年前呢？现在的见面次数是不是太少了？

网络和手机，给了工作和生活的分界线致命一击，20年前可以说不把工作带回家，10年前可以说尽量少在家工作。现在呢？工作和生活依赖同一个设备，这种连接是好是坏就要看我们如何界定了。智能手机可以带来更多的信息和功能，可以方便我们和他人分享经验、提高工作效率，也会带来娱乐过度、信息过量，从而影响亲密感和信任度。网络远程协同工作，确实能突破地域的限制，极大地节省时间，但是不掌握好度的话，是不是全天候都要处在工作状态？

前面的章节详细讲了一个完整的OKR周期，一场战役的胜利不是意味着结束，而是下一场战役的开始，我们执行完一个阶段OKR后，再制定下一个OKR继续出发。

制定新的OKR不就是把前面第五章到第八章的内容再重复一回吗？这有什么难的？

OKR方法的最后一个核心内容，就是要促进提升，如果不把提升作为核心目标带入你的OKR，那么提升的速度如何成指数级增长？

假设个人和团队的格局和能力一直在提升，所做的事情保持不变，这是不是所谓的"匠人精神"？是不是工作和生活都轻松愉快呢？我在1996年首次接触Windows95系统，图形化的操作系统十分方便，二十多年过去了，从Windows98、WindowsME、Windows2000、WindowsXP、Windows7、Windows8，到现在大多数人都在用的Windows10操作系统，操作系统软件不断地在发展进步。同时，支撑操作系统软件发挥作用的电脑硬件也在不断地进步。从1996年到2019年电脑硬件的性能增加了何止百倍，仅仅看电脑存储空间的发展，1996年硬盘容量10GB已经是很奢侈的了，2019年主流的硬盘容量已经是2TB起步了（1TB=1024GB），存储容量增长了近200倍。如果我们用2019年的电脑硬件去运行1996年的Windows95操作系统软件，是不是要比运行现在的Windows10操作系统软件，至少要高效200倍呢？很遗憾，询问任何计算机从业者，得到的答案都是不兼容、没必要。兼容是计算机行业的专业术语，也就是不匹配，这个是有办法解决的，那么为什么没必要呢？Windows95操作系统的功能和应用已经完全被时代淘汰了，这才是关键。要与时俱进，不要刻舟求剑。OKR这种管理方法如此被推崇，正是因为OKR适应当下时代，贯彻执行OKR正是与时俱进，那怎么能在执行完OKR后，再制定OKR时不考虑变化和进步呢？如果没有变化和进步不就成了另一种停滞了。

我总结出两个关键点，供大家在应用一段时间OKR，完成第一个目标总结评分后使用。

一、制定OKR要考虑进度

第八章我们说过适应国情的OKR分数体制和打分方式，打分之后的关键是一定要有奖励。因为不管自己还是团队执行OKR，没有相应的奖励，动力在哪里？真的看着那个100分就能心满意足？我们在制定OKR时，也要制定各个分数段的奖励政策，哪怕是自己奖励给自己。比如，我的京东购物车常年放置十万元左右的心仪商品，OKR表格也有分数与之对应。

得到相应分数后就可以兑换相应商品，最高奖励可以清空购物车，当然是我自己买单。

我们的目标就是给自己找个消费的理由？给团队找个发奖品的理由？发点福利不好吗？当然目标不能这么低，发奖的上层目标是促进个人和团队的成长和提升，具体的操作方式是在每次打高分后，在下次制定OKR时，适当调整得分的基线，每一次制定OKR都做相应的调整。比如说，本次的60分，相当于上次的65分，这个时候得到的分数可能提升不多，可能是70分、80分、90分，但是绝对的分数值已经变了，现在的70分可能相当于最初的90分，当然最初你可能只得了60分。随着这个绝对分数值不断提升，不管自己给自己发奖励，还是你给别人发奖励，这些付出是绝对值得的，付出之后确实能够带来个人和团队相应的成长和提升。

一个人成长起来很不容易，尤其是18岁之后的成年人，再想有任何方面的提升都很困难。自己给自己一点鼓励、一点宽容、一点奖励，让自己能够成长，是不是很值？团队也是如此。

配合奖励和基线提升，慎重地考虑进度这是很关键的一点。我们需要找到进度的节奏并调整基线，然后不断地适度提升OKR评分标准，在不知不觉中让自己强起来，让团队强起来，这是不是一个很好的思路！

做个练习，找找进度的节奏。

目标：每周至少做一次饭，包含主食和菜品。定期和团队一起下厨，主食和菜品根据人数、饭量和厨艺自定。

关键结果：通过自己与自己、自己和团队的沟通，培养进度的节奏和默契。

把做饭分成详细的工序，分配给对应的人，在烹饪的同时保持沟通，相互报告进度。

有人联络你时，必须回应。

在厨房有限的空间内，及时做出提醒，比如，注意火力、油热了等。

不时提出问题，比如，饭还有多久熟？菜还有多久好？负责该项工作的人必须具体回应，比如，3分钟、半小时！

试试看，你会有不错的收获，能影响团队的可以和团队一起；自己和家人也可以一起练习；如果单身的话可以找朋友一起，说不定还能顺势收获爱情呢！如果确实是孤家寡人，那就自己指挥自己吧，也会很有趣。

除了让彼此对于进度的节奏更有默契，还能增加彼此的信任感，之后在工作中的配合会更加默契。

不管制定适合自己还是他人的进度时，沟通和回应都是十分必要的。沟通的技巧讲述很多了，就不再赘述，我们讲讲回应。

回应有四个层次。

1. 确认，这是第一个层次，就像我们练习中最简单的回复，只要向对方表示收到信息就好（比如，知道了、收到！）；

2. 安排，包括对问题的排期或者转发，比如，明天给你结果，我已经转给某人去做了等；

3. 精简回答，回答是或不是，好或不好，或者一两句话，比如，明天下午3点来我办公室！

4. 详细回答，超过一分钟的讲述。

按需要运用回应的四个层次，与自己或他人交流，找到适当的进度节奏，制定出适合自己和团队的下一个OKR。

二、制定OKR要考虑合理度

在OKR制定前与执行后，对OKR的性质进行合理区分，也是很重要的一点。

OKR的种类，有一次性OKR、持续性OKR、进化性OKR三大种类，了解这些种类的特点，才能更好地制定下一步的OKR。

一次性OKR，比如，完成一个乐高模型的拼装、完成一次团队建设活动，只要是一段时间可以完成的，对结果干涉只能使结果变坏或者不可逆。比如乐高模型一旦拼装好，再动成品就可能需要从头再来；团队建设活动完成后，不管如何总结反思，这次活动的结果也不会改变。

持续性 OKR，比如，每天早上 5 点起床，每天晚上 9 点上床睡觉，每周固定的团队周例会，需要持续执行。

进化性 OKR，比如，摆脱单身、减肥塑型、团队业绩，获得一个关键结果后，虽然这个 OKR 关闭了，但是它是支持下一个 OKR 的基础。

合理利用 OKR 分类才能正确制定下一个 OKR，平时生活和工作中出现的很多问题都是因为没有合理区分 OKR 的性质造成的。比如，对于一次性 OKR，执行后可以总结但是不要纠结，更不要再去干涉已经完成的结果，否则只会让结果越来越坏。一定不能混淆这三种性质的 OKR，比如，好不容易摆脱了单身，那么就应该把摆脱单身这个 OKR 进化为走向婚姻组建家庭，如果还是执行前一个 OKR 的关键结果找男朋友或女朋友，那不就成了妥妥的渣女或渣男？好不容易达成的 OKR 目标也会很快崩盘。但是三种性质的 OKR 很多时候是混合在一起的，我们要合理清晰地区分出来。

我们以减肥塑型为例，这里只说大概的方向，不作为专业的健身指导。

一位成年男士，身高 1.7 米，身体各个部位比例正常，按健康机构推荐的体重应该是 70 公斤，但是他的体重是 100 公斤。为了健康的身体和良好的形象，他决定减肥。

第一个阶段性目标就是减去 30 公斤体重，支撑的关键结果就是，每天晚饭少吃或者不吃，每天至少要走一万步，平板支撑 10 组每组 1 分钟。

指标是每个月减去 2.5 公斤，一年内完成目标，这就是一个持续性的目标。

每天坚持执行，这是一个艰辛的过程，每一天的目标就是一次性的目标，其间一定会出现一些意外情况，比如，晚上朋友邀请撸串或者加班吃夜宵，天气或者出差原因导致步数不够。有些是能够弥补的，比如步数不够可以在室内补齐，但是有些结果是无法改变的，比如夜宵吃了就是吃了，要用一次性的目标方式来处理，不要纠结已经发生的，要关注如何解决问题，避免下次发生。长期不和朋友聚会，会没朋友，聚会不可避免，但是聚会上管好自己的嘴是可以做到的；加班熬夜不吃夜宵受不了，那就提高工作效率，避免加班。

经过一年的努力拼搏，这位男士确实减肥成功，体重降到了70公斤。这时的OKR就变成了进化性OKR，体重高于标准不健康，体重低于标准也不健康，体重这件事的关键结果就从减少，变成了保持。但是被动的保持效果很差，那么OKR就需要进化到塑型和养生，让身材变得有型，再把身体调整到最佳状态，找到这个合理的进度后就转成持续性OKR，持之以恒就好。

区分了OKR的类型，OKR合理度的第一个阶段就告一段落了。下一个阶段就是合理的超越。我们的生活能力和工作的职业能力，都是既有限又无限的，有限的能力经常会让我们触到生活和工作的"天花板"，进度无法再向前了。

从事销售和财务工作的人很多，这两个职业发展的"天花板"也非常低，大部分的从业者止步于销售专员、财务专员，好一点能当个主管，如果能晋升部门经理，那就十分不错了。要是能成为营销总监、财务总监就已经是很多人的理想了，如果能成为首席营销官、首席财务官，那是很多从业者的人生巅峰，更高一级太多人从来都不敢想。

很多人频繁更换公司，工作加班加点，"天花板"就在那里一直无法突破。于是就开始抱怨自己选错了行业，抱怨公司提供不了发展的平台。可是就这么平凡的工作，有人从一家初创企业做起，一路走进了全球财富排行榜。他就是史蒂夫·鲍尔默（Steve Ballmer），微软公司前首席执行官兼总裁，现任 NBA 洛杉矶快船队老板。1980 年，在斯坦福校园里，比尔·盖茨找到鲍尔默，说服鲍尔默加入还在孵化期的微软公司，他是比尔·盖茨也是微软公司聘用的第一位商务经理，在初创的团队中财务、销售等工作都是鲍尔默一力承担。在日益发展壮大的微软公司，鲍尔默先后担任微软公司销售执行副总裁、微软公司总裁，2013 年鲍尔默卸任微软公司职务正式退休。2020 年 4 月，鲍尔默以 527 亿美元的财富排名 2020 年福布斯全球亿万富豪榜第 11 位。

从学校毕业到退休，选择的职业和前景都很平凡，加入的只是一家还在孵化期的公司，从来没有换过公司。听起来很平凡的人生，但是鲍尔默就是把平凡做成了不凡。人的成功有多方面的因素，也有幸运的成分，如果没有合理制定和合理提升自己和团队的目标和关键结果，那是绝对做不到的。让我们对自己的生活和工作也做出合理的规划，找到突破职业发展"天花板"的方法。

我们可以用 OKR 做一个小练习来试试看。

问问自己，你的成长和发展目标是什么？

还记得前面对于确定目标的要求吗？我们复习一下要点：目标的维度要高，目标要诚实。

在确定目标过程中，用以下关键结果来支撑：

1. 谁是你工作领域的榜样或者导师？这个人有哪些事迹、做事方式、为人方式，让你想要去跟随学习？比如我工作中的偶像李昌钰先生致力于"让不可能成为可能"，是我多年学习的榜样。

2. 在你工作的领域，有哪些优秀的产品或者服务？研究分析它们的优势和成功之处。

3. 对于你的目标，你需要养成哪些习惯，才能支撑目标达成；

4. 对于你的目标，你需要改掉或戒掉哪些习惯，才能支撑目标达成；

5. 哪些环境对你有帮助？哪些环境会对你产生不好的影响？

6. 你期待你的工作可以带来什么附加的奖励或者收获？

7. 在哪些方面和哪些情况下，你愿意把目标合理地调高一点？在哪些方面和哪些情况下你愿意妥协，降低一点目标？

先认真地把这些问题的答案写在一张纸上，这些就是支持你合理制定目标的关键结果。

接下来拿着你刚刚写的问题答案，根据前面我们学到的OKR的方方面面，评估一下你现在工作所创造的产品或者提供的服务。不要仅仅用它来评估结果，比如你现在从事销售工作，以前觉得最重要的就是把负责的商品卖出去，现在有了这个清单，你的目标是不是可以提升到如何成为一个优秀的销售人员？维度不一样了吧？支撑的关键结果是不是也基本在表上列出来了？清晰合理吗？

谁能甘心一直平凡？谁能甘心沦落为平庸？我们都渴望自己的生活和工作有所突破，这个目标一直存在很多人的内心。原生家庭的局限、职业的起点、公司规模的大小，确实有所影响，但不是绝对的制约因素。应用OKR一次次坚持达成目标，合理地设置下一期的OKR，迎接自我提升，突破限制你的"天花板"，让生活和工作都是我们理想的样子，想要吗？想要就着手执行吧。

OKR 实战案例

前面九章从OKR的各个方面进行阐述，相信大家对于OKR方法有了一定的认识，本章叙述我曾经应用OKR解决的实际问题，希望能给大家更形象的认知，基于个人隐私和商业保密，除了本人事项与被授权的人和事物，其他人都使用化名，特此说明。

初创团队应用OKR化险为夷

人物介绍：

本人晁冠群，年长于我的一般称冠群，比我年少的一般称晁哥，在本次创业团队中担任CEO；

安阳，俗称老安，70后，技术出身，在本次创业团队中主管技术，担任CTO；

陈进，俗称小陈，90后，商务市场出身，在本次创业团队中主管商务合作和市场开拓，担任CMO；

技术团队：张平、王程、李国；

商务团队：冯新、白京；

管理协调团队：齐兵；

本次企业团队全职人员共9人。

因雾霾导致空气质量下降，带来对空气净化设备的市场需求，我和老安恰巧研究过空气质量和净化处理的课题，与小陈共同分享市场机遇后，大家一致同意就此项目开始创业。

我们迅速成立公司，组建团队，租下200平方米的办公场所，分出两个隔间，作为思考交流的空间，平时大家都开放式办公。经过半年时间，我们的空气净化设备样机已经完成，开始送交专业机构检测评估。这时一个严重的问题袭来，差点导致本次创业就此失败。我及时应用OKR方法解决问题，使团队转危为安。具体是什么事情？又是如何解决的？下面我们重现下当时的情形。

至今我还清晰记得那个早上，我和安阳正在公司谈论申请产品发明专利的细节，去检测机构交流技术的李国满头大汗地冲了进来，急火火地叫道："晁哥、安哥不好了！"

安阳赶紧迎过去问道："怎么了？是不是咱们设备哪个功能参数有问题？"

"要是功能有问题就好了，现在事情大了！"李国边喘气边说。

我拿了瓶矿泉水过来，递给李国说道："喝口水，慢慢说，具体什么事情？"

李国接过矿泉水拧开瓶盖喝了几口，缓和了一点说道："我到检测机构那边拿到了咱们的结果，所有参数都是优秀。"

安阳说道："那不是好事吗？"

李国说："不是咱们的产品问题，我听到几位检测专家说，最近要加大空气治理的力度，雾霾很快就要消失了，空气净化设备的销量会出现断崖式下降，已经有厂商开始撤回送检设备，减少开支了。"

听李国说完，安阳立刻就愣住了，我也感觉后背一股寒意袭来，创业所依赖的市场需求变了，我们之前的努力是不是都白费了？接下来怎么办？

我深吸一口气，平复下情绪，扶了一把安阳，他也缓过神来，问道："冠群，咱们该怎么办？"

"这样，你和小李去屋里等我下，咱们一起给检测机构那边打个电话，确定下情况，我让小齐把小陈叫回来大家一起商量下。"

经过一小时的沟通，我和安阳了解清楚了检测机构掌握的情况。中午时分陈进赶回了公司，我和安阳、陈进简单沟通后做出决策和分工，公司产品的进度暂时放缓，安阳带技术团队从熟悉的技术机构收集相关信息，陈进带商务团队从合作商、市场收集相关信息，我去广泛沟通，了解和收集信息，齐兵留守公司，三天内大家完成信息收集，并进行沟通。

三天后我来到公司，安阳正在抽烟，看烟灰的量就知道他早就到了。一会儿陈进也到了，他小声对我和安阳说："情况十分不好，一会儿是不是咱们三个去屋里说？"

我说道："直接全员参加吧，事情严重才需要群策群力，再说这几天下来，大家都是片面知情，也不利于工作。"

安阳和陈进也同意这样，于是各自去召集团队成员，收拾下开放办公区，召开整个团队沟通会。我先把由于空气治理这个外界变动引发的对于公司的影响给大家具体说了下情况，然后安排大家交流信息。

安阳首先说话："我们已经和熟悉的技术口都沟通了一遍，空气治理这个事情很快就要开始，预计今年冬天就会产生效果，最低要求也是重点城市和雾霾问题严重城市，双重见效。在这个力度下，雾霾这个情况的时间周期不会很长了。"

陈进补充道："我们把同行业和上下游重点的企业都打探了，对于空气净化器这项都在减产，我们也打探了房地产公司那边，很多人也收到了这个信息，曾经的室内无雾霾情况已经不作为产品销售亮点了。"

我说道："我也通过多方了解，事情是确定了，对咱们公司的产品也确实有重大影响。"

说完看到大家都很发愁，产品定位的点出现了重大变化，产品必然出问题，公司主要靠这款产品，公司还能坚持下去吗？

我让齐兵把打印好的文件发给大家每人一份，说："外部情况确实不好，我把公司的状况给大家说说，我们预备的创业资金是一年期，目前时间已经过去了一半，资金还剩余一半，也就是说我们如果能尽快找到解决方法，公司还是有希望的。刚刚发给大家的是咱们做目前产品时设置的OKR，大家一直在执行，我们对照变化和OKR的进度，看看能否找到解决的方法。"

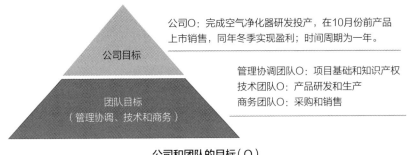

公司和团队的目标（O）

部门O及对应的KR

团队	目标（O）	关键结果（KRs）
管理协调团队	项目基础和知识产权	KR1：产品资质如：专利、销售许可、3C认证办理（技术团队相关数据形成即刻申报办理）
		KR2：拓展资源（开拓后按资源相关性分配相关人员跟进）
		KR3：人才引进（按公司发展与产品开发需求引进）
		KR4：资金管控
技术团队	产品研发和生产	KR1：产品技术规划、初步构建，一个月内完成
		KR2：产品设计、模拟，一个月内完成
		KR3：样品研发，一个月内完成
		KR4：测试、检测，优化升级，两个月内完成
		KR5：指导生产
商务团队	采购和销售	KR1：建立部件厂商与生产厂商的合作，范围包括技术团队列出的，但不限于（在样品研发开始前完成）
		KR2：建立销售渠道（不迟于样品测试完成）
		KR3：签订部件厂商与生产厂商合同，签订销售合同

　　陈进说："目前我们的工作进展都是基于目标，按时完成了关键结果，我们现在要做的最艰难的决定就是还要不要完成这个目标？"

　　我说："目标是要根据实际情况调整的，当时我们定下这个目标的基本盘是公司要发展壮大，因为这次的突发情况，我建议把目标调整为支撑公司生存。资金还能坚持一些时间，但是产品如果没有销路，咱们无以为继，公司是撑不了太久的。"

　　大家都点头认可，陈进说："那咱们是不是马上把这个产品停了，立刻做一个其他方向的产品？"

　　我问道："老安，技术方面你最有发言权，你看看咱们现在的情况，小陈说的方式如何？"

安阳摇摇头说道:"研发一款产品最快也要一年的时间,包括市场调研、需求分析、功能遴选等,咱们目前的产品是因为我们之前有所积累,省去了大半的时间,即便如此,小张、小王、小李还要加班赶进度。何况咱们的经费只能再撑半年,那个时间点最快也就是完成产品设计,后续经费不到位的话,咱们连样机都做不出来,更别提生产和销售了。"

我听了觉得口有点干喝了口水,问道:"小陈,咱们的产品检测已经完成,如果现在投入生产,能否销售变现,回笼资金?"

"晃哥,这个方法我想到了,前两天和老安一起和厂商沟通了,部件供货加上指导生产至少要两个月时间,现在是7月份,也就是最快咱们9月底能完成产品生产。可是现在就有很多同行准备压低价格出货了,下游的销售商很快也会知道,顾客也会观望,可预见今年冬天和雾霾相关的产品都会受到很大影响。我们又是新产品,销售难度更大,想平衡成本都困难,更别说要盈利了。"

我说道:"既然这两个方向都基本行不通,那么就得调整一下我们的OKR。"我思索了下,在白板上写下"生存"两个字,接着说:"目前的形势空前严峻,我们目前除了在做的空气净化器没有其他盈利项目,这是当时为了尽快完成产品抢占市场,我们做的减法。现在我们需要把其他的目标都放一放,保障公司生存下去。"

安阳说:"冠群和小陈咱们三个创始人就不用说薪资了,我们技术团队的几个兄弟商量过了,拿最低的薪资,如果公司还是有压力可以不拿工资。"

张平、王程、李国一起说道:"是的,我们愿意共渡难关。"

陈进说道："我和小冯、小白也商量过了，也都愿意和大家一起抗，工资有没有无所谓。"

齐兵说："晁哥也和我说了，我也没问题，大家一起患难与共。"

我叹口气说："多谢大家的支持，公司要生存节省开支是一个方面，另一个重要的方面是打通资金来源。我们现在最重要的关键结果是开源，更直白说就是挣钱。刚刚大家也都听老安说了，新产品最少要等一年，就算我们再怎么省也没法用半年的经费支撑一年，尤其是研发阶段很多费用是没法省的。"

我望向安阳说："老安，咱们从技术开始再分析一下我们的产品吧，看看能否找到支撑公司生存这个目标的关键结果。"

安阳说："好的，我投影出一张空气污染物对人体的影响表给大家看下。"

"早在2007年钟南山院士就倡议净化室内空气质量，后续的雾霾更是加剧了人们对于空气质量的担忧，大家可以看看表中室内可能存在的危害，我们从这个需求出发，基于我和冠群之前的净化研究，开始研发自己的空气净化器。大家再看下面这两张分析表，这是目前所有的空气净化技术的原理、优缺点和代表品牌。"

看到这，我说："老安，暂停下，有个很关键的点！"

安阳停下投影翻页，大家一起看向我，我说道："空气净化器本身是为了净化室内空气这个目标，因为雾霾可见，现在大部分净化器都把净化形成雾霾的PM2.5作为硬性目标或者唯一目标，没有雾霾的天，室内空气就安全吗？室内空气污染还包括油烟、吸烟烟雾、清洁剂、油漆、尘螨、人体和宠物排泄物、皮屑、微生物、家具皮料扩散物等，其中家具甲醛可

空气污染物对人体的影响表

空气污染物名称	对人体的影响
二氧化硫	视力减弱，流泪，眼睛有炎症。闻到有异味，胸闷，呼吸道有炎症，呼吸困难，肺水肿，迅速窒息死亡
硫化氢	恶臭难闻，恶心，呕吐，影响人体呼吸，血液循环，内分泌，消化和神经系统，昏迷，中毒死亡
氮氧化物	闻到有异味，引起支气管炎，气管炎，肺水肿，肺气肿，呼吸困难，直至死亡
粉尘	伤害眼睛，视力减弱，引起慢性气管炎，幼儿气喘病和尘肺，死亡率增加
光化学烟雾	眼睛红痛，视力减弱，头晕，胸痛，全身疼痛，麻痹，肺水肿，严重的在 1 小时内死亡
碳氢化合物	损害皮肤和肝脏，致癌
一氧化碳	头晕，头疼，贫血，心肌损伤，中枢神经麻痹，呼吸困难，严重的在 1 小时内死亡
氟和氟化氢	强烈刺激眼睛，鼻腔和呼吸道，引起气管炎，肺水肿，氟骨症和斑釉齿
氯气和氯化氢	刺激眼睛，上呼吸道，严重时引起中毒性肺水肿
铅	神经衰弱，腹部不适，便秘，贫血，记忆力下降

空气净化技术分析表

净化技术	可除污染物	原理	代表品牌
光触媒	化学污染物、微生物	光触媒的主要物质二氧化钛在照射下产生氢氧自由基，可以破坏细胞膜使细胞质流失导致细菌死亡。同时利用氢氧自由基的强氧化作用将甲醛、苯等有机化合物氧化分解成 CO_2 和水。	万利达、韩国清枫、大金
负离子	灰尘	强静电场使空气中的分子电离出自由电子，与空气中的氧分子结合形成负氧离子，能与空气中的病菌细胞结合，使细胞内部能量转移、结构改变，使其死亡。并使空气中飘浮的含苯、甲苯、甲醛的烟、尘等可吸入颗粒物聚而自然沉降，达到净化目的。	日立、绿之岛、爱美克
水净化	灰尘病菌	水中加入杀菌剂通过电机将水打成水膜，当空气穿过水膜时净化空气中的细菌。	慢力、艾塔
高效尘埃过滤器	灰尘	—	亚都、美的、奥斯汀、瑞宝、夏普、日立
静电式净化	灰尘病菌	两段式静电除尘，第一段为电离区，释放11000V电压使空气电离；第二段为集尘区，释放4000V电压，带电粒子被吸附在极性相反的集尘板上。	远大、ORECK、霍尼韦尔、爱芯牌、欧力克、飞利浦、大金
臭氧	化学污染物	—	
紫外线	微生物	通过紫外线对微生物的照射，改变并破坏微生物或病毒的细胞组织结构和功能，使生物体丧失复制、繁殖能力和功能，从而达到消毒、杀菌的目的。	松下
生态级氧芯净化技术、水洗净化技术、吸附净化技术	灰尘、细菌、甲醛、微生物、化学污染物	—	有实

空气净化技术优缺点分析表

净化技术	优点	缺点
光触媒	—	1. 需要长时间和高强度才有效; 2. 材料昂贵，条件要求复杂（此项技术基本没有实际效果）; 3. 无除尘能力。
负离子	—	1. 离子产生的臭氧超标对人体产生不良影响; 2. 产生的负离子数量远远不够净化室内空气，基本没有实际效果。
水净化	—	1. 只能过滤大颗粒灰尘; 2. 吹出的水雾对人体有害; 3. 用香薰覆盖药剂气味，麻痹用户。
高效尘埃过滤器	1. 故障点少; 2. 对颗粒较大的灰尘净化效率高。	1. 滤纸（或滤网）密度一般超过30微米，对较小的悬浮颗粒净化效果差; 2. 滤网堆积灰尘，成为病菌繁殖的温床; 3. 耗电量大、噪音大、滤纸风阻大，需配大功率电机; 4. 耗材费用高，滤纸堵满就需要更换，无法清洗。
静电式净化	—	1. 恒压式静电除尘、空气潮湿时易拉弧; 2. 电压非常高，臭氧易超标，除尘面积小，噪音大; 3. 价格昂贵; 4. 除尘器不可清洗，两年后整机报废; 5. 电子元器件较多，故障点多。
臭氧	1. 臭氧可迅速分解化学污染物并杀死病菌; 2. 在水中同样有效。	1. 需要较高浓度才能发挥效用; 2. 超标的臭氧对人体损伤非常大，只能无人时使用。
紫外线	—	1. 需要较高浓度才能杀死病菌; 2. 紫外线因波长限制无法杀灭所有病菌，紫外线波长越短危害越大，泄露对人体有害，不可直接照射。
生态级氧离子发生技术、水洗净化技术、吸附净化技术	1. 通过采用最新生态氧芯释放真正的负离子; 2. 加湿净化; 3. 水洗净化; 4. 新材料吸附净化。	1. 多重净化技术，无臭氧，无紫外线，无二次污染; 2. 无须更换过滤网，滤网可重复水洗，形成释放雨后清新空气的纯自然环境; 3. 负离子具有极佳的净化除尘效果，减少二手烟害、泄露对呼吸道疾病、在医学界享有"长寿素"美称。

持续释放15年！全国每年由室内空气污染引起的死亡人数已达11.1万人，每天大约是304人。中国室内装饰协会环境检测中心透露的这个数字，恰好相当于全国每天因车祸死亡的人数。可想而知，室内综合空气净化比单纯净化PM2.5重要很多。"

陈进说："对啊！本来我们的目标就是给客户提供解决空气问题的产品，最近市场同行都在拼命秀对PM2.5的净化，为了应对我们也做了相应的数值能力评估，但是不能把自己带偏到只为雾霾而用啊！"

安阳也说："是的，从净化原理来看，我们与大多数面对雾霾的空气净化器是有本质区别的，那么这是不是支撑我们目标的一个关键结果呢？"

我说："这自然就是支撑我们的企业生存下去，这个目标的关键结果，我们从目标往前推：

"1. 在资金有效期内，创造收入，来补充资金；

"2. 找到创造收入的方式和产品；

"3. 将现有产品对应创收进行调整。"

我把这几项写到白板上，画了几条直线，说道："现在我们就分工，把关键结果执行起来，老安你把咱们的产品综合的净化能力和数值检测下，出具个具体的参数表来。虽然我们的净化原理和做事初心是正确的，并且不受本次形势变化的影响，但是我们还是要进行功能选择，界定出产品的功能范围。"

安阳说："没问题，我们马上开始做，自己和外部的实验室同时开动，最迟一周内就可以做出来。"

拿起杯子，喝口茶，我转向陈进："咱们现在调整后，不单单应对雾霾，我们的区域选择、合作商选择就和以前有所区别了，包括产品上市时间也不一定要等冬季，你尽快把新的方案做出来吧。"

陈进说："没问题，我们也是立刻开始做，虽然调整后头绪多、差别大，但是我们根据区域、合作商、上市时间这三个目标，细化成关键结果，最多十个工作日，我们就能把初步方案拿出来。"

"好！"我说道："咱们的整体市场定位和受众人群画像，这两个事情，我和小齐来做，一周时间也能有个初步结果。那咱们就分头去忙吧，有问题及时沟通，同步小陈的时间，咱们最迟十个工作日后，把执行成果碰一下。大家再确认一下本期的OKR，就开始执行吧！"

目标（O）	关键结果（KRs）
找到企业生存的支撑	KR1：将现有空气净化器的净化重点从雾霾净化，提升到室内空气优化
	KR2：功能选择，界定出产品的功能范围
	KR3：区域选择、合作商选择、上市时间调整
	KR4：整体市场定位和受众人群画像

"好的！"大家同时大声回应。

看着大家从心神不定到有了努力的目标，我和安阳、陈进相互交换个眼神，我们在困难的阴云中终于看到了一丝曙光，互相比了个"加油"的手势，大家就开始各自忙起来了。

我把产品受众人群画像的任务交给了齐兵，自己主攻整体市场定位，几天后齐兵统计出了详细数据（如下图所示）。

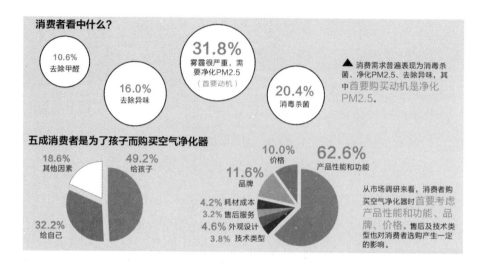

我开始着手分析，同时咨询了很多专家和机构，逐步形成更加清晰的产品受众人群画像。我也及时把进展和资料同步发到团队的工作交流群组中，其他方面的进展也很顺利。

很快十天时间到了，联系陈进确认进度如期完成，我召开交流会。

会议开始，齐兵先把团队本期OKR执行成果投影出来。

目标：找到企业生存的支撑——优化现有的空气净化器，从雾霾净化提升到室内空气优化，排除因雾霾消失带来的产品冲击，提供真正解决室内空气问题的产品，实现销售盈利。

关键结果的执行成果：

---

1. 受众人群画像：呼吸道疾病患者、孕妇、司机、儿童、办公室一族、老人。
2. 整体市场定位：医疗健康级、工程系统级、数据平台级有品质的、智能化的新型无耗材空气净化器。先期产品主打中高端市场。
3. 功能选择：水洗净化生态级、负氧离子净化、可水洗式新材料、吸附净化、智能检测空气、环境加湿、除湿功能、滤网自动水洗功能等，倾向于研发多功能融合性产品，将一个产品当作多个产品使用来满足不同场景需求。

---

4. 区域选择：从区域上来看，今年 1 ～ 8 月地区零售额占比，北京 21.3%，上海 11.9%，江苏 8.4%，天津 5.8%，山东 5.5%，也就是说，京津冀、长三角和沿海省市仍是空气净化产品主销区域，而同样受到恶劣天气波及的内陆市场有待开发。

5. 总结：在空气净化产品不断发展的今天，企业依靠几款同质产品已很难在市场立足，细分人群、场景是净化器行业未来的发展方向，在确定产品方向、功能研发的同时，提供相应的配套服务也是提高企业核心竞争力的有效手段。也就是说，"产品＋服务"推动企业从提供品质到提供价值的升级，有利于培养消费者的品牌忠诚度，促进企业持续发展。

我说道："大家这段时间辛苦了，综合大家达成的关键结果，我们的目标已经可执行了，我总结下我们的优势。"

我们的优势

a. 政策及市场机会

净化器市场从 2010 年开始兴起，经过 5 年的野蛮生长和虚假宣传，市场仍处于未被完全开发阶段，尤其是新国标的出台，加剧了市场对大众购买力的吸引，创新品牌有极佳的机遇可以脱颖而出。对比欧美 40%、日本 27%、韩国 70% 的普及率，中国空气净化器的普及率不到 2%，原因是没有一款真正意义上满足用户需求的高可靠性、免维护的产品，大众的刚需并没有得到满足，国内除了雾霾，还有室内空气污染，中国吸烟人群近三亿，即使不吸烟，专家也曾提出室内空气污染是室外的 5 到 10 倍，相应的孕妇，老人和有呼吸系统疾病的人以及对生活品质有追求的高端人士都有净化空气的需求，并且健康及环保产品领域也是国家鼓励的创新领域。

b. 竞争对手及机会

目前净化器线上线下的市场分布：欧美系（布鲁雅尔，霍尼韦尔等）、日系（夏普、松下、飞利浦等）占 80% 以上，国产家电系（亚都、远大、TCL 等），国产互联网系（小米，三个爸爸等）仅占 20%。欧美及日系产品注重于滤花粉过敏原以及设备使用技术为滤网及风机技术，少数为净离子技术、静电集尘技术等，根本不适用国内雾霾、大密度粒子及多种气体污染的情况，只是因为进入中国市场早而已，而且其打印机式耗材型的净化模式，造成二次生态污染且后期滤网更换维护成本高，一般家庭消费不起，其产品技术路线也严重不符合中国国情。国产家电系和互联网系又缺乏相应的净化技术产品研发力量，一直在模仿欧美和日系的产品，缺乏创新与活力，企业转型慢，适应市场慢，这又给予了创新品牌机遇。2015 年十大空气净化器品牌企业中，中国没有一家专注于空气净化和"互联网＋应用领域"的研发创新型企业。

c. 我们的优势

实验室集合了多名高级产品研发专家和云平台开发专家。从 2013 年开始筹备相关技术能力。专注于新型净化技术、可视化净化模式、智能化控制、智能化检测方式，APP 平台净化数据收集分享模式等技术储备。经过三年的研究创新，参考新国标提出的标准以及硅谷专家的建议，独创性地提出生态级、高可靠性的第三代立体水分子以及高活性生态离子净化技术，无二次污染，使用成本低，结合 APP 平台及独创的可视化空气立体检测系统。产品一旦推出，必将满足大众刚需，引领大众购买潮流，使空气净化器成为家电必需品。

"综合我们的优势，我建议将产品定位提升为，室内空气优化加联网服务。"我指着上面这张投影说。

安阳立刻说："这个产品方向好，从软硬件技术角度来说，我们都有准备，调整起来很快，我总结下咱们这个产品模式，各部分的关键结果执行程度正好展示给大家。"

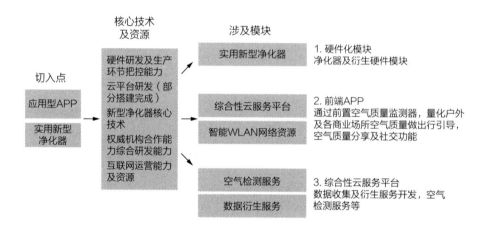

安阳指着上面的图说："刚刚冠群提出的产品方向，主要涉及净化器产品本身、配合的APP软件、综合管理的云平台三部分。从技术支撑的关键结果来说，只要我们搞定这三部分，产品技术形态就是可执行的，根据上面的这张图，我分别给大家说一下啊。产品本身是模块化构架，之前主要装载净化雾霾的部分，其他部分的模块在功能和功率上做了减法，实测和规划都是已经做好的，现在要做的就是在不影响已送检数值的前提下进行组合，完成这事最多用5天时间；至于配合的APP软件，整体功能在前期的空气净化器研发中已经完成，只需要调整下显示内容，完成这事最多用两天，这还加上了大家对界面布局的沟通时间；综合管理的云平台已经部分搭建完成，需要的是空气净化器产品实际销售出去，终端设备数据回传后，调整优化就可以，这个过程用户是看不到的，所以完全不受影响。总体来说，支撑冠群提出的产品方向这个目标的关键结果，技术方面最多一周就可以执行完成！"

"好！"陈进激动地说："这个产品方向特别好，本来我预估会很快，没想到比我预估的还要快，这样就好办了。我在执行关键结果时向前推进了一步，把我们的盈利模式做出来了，小齐帮我投影下我那张PPT！"

齐兵点击了几下鼠标，投影出陈进的PPT。

---

1. 传统硬件模式
• 家用级产品直销，包含衍生类硬件产品和工业级产品的应用以及商业楼宇拓展盈利
• 实体店销售及电商平台销售
• 政企采购渠道销售

2. 标准净化工具型APP平台
• 商业业务盈利
• 广告业务盈利
• 大数据扩展以及电商平台盈利（平台链接家装建材、健康顾问、日常消费等）。

3. 综合性云服务平台
企业工程服务吸入空气健康诊断以及管理工程服务盈利，打造生态空气环境数据扩展业务，基于长期用户数据积累产生的可挖掘类有效数据进行的商业模式开发

陈进说道："我们看下这三种盈利模式，我们要尽快给公司'造血'，显然第三种是周期最慢的，对应刚刚老安说的技术进度，这项工作是可以延后的，第一种盈利模式，我和咱们的合作方、经销商还有一些房地产物业公司都沟通过了，他们对于这个空气优化产品十分认可，比之前的合作意向更强烈，给出的合作模式更好，这是最直接也是最快能够带来盈利的方式，这项的关键结果就是空气净化器产品本身。我建议咱们把全部力量都投在新产品上，只要这个新产品的销售做起来了，我们就OK了，APP的事情也可以等等。"

我说："好啊，小陈你沟通的结果，对方什么时候能要咱们的产品？"

陈进说道："咱们这个新方向与众不同，不像其他空气净化器需要雾霾来了才吸引眼球，他们的意思是随时可以买，但是咱们还是要做一些前置的宣传推广活动，争取更多的关注与合作。宣传推广这个事我沟通下，与合作方一起做的效果更好，整体需要20天。我来写下这个OKR。"

说着走到白板前，写了起来。

目标（O）：销售空气净化器盈利

关键结果：

1. 与合作方一起宣传推广空气净化器。

执行项沟通3 ~ 5个工作日——宣传推广方案策划3 ~ 5个工作日——宣传推广活动举办7天。

2. 签订商务合同3 ~ 5个工作日。

陈进说："时间基本如此，需要的支持就是在宣传推广方案策划时需要新产品的外观和功能示意图，在活动举办时需要活动资金和新产品的实物样机。"

我说："钱的事情好办，咱们现在还有资金，现在主要是老安那里的产品和你这里的商务活动需要经费，会后咱们一起讨论一下，在不影响大家基本工资的前提下，该花的钱就花。老安你看看小陈这个时间表，外观和功能示意图和实物样机提供有没有问题？"

安阳正在低头计算，听到后抬头说道："图简单，两天就能做好。样机有点难度，内部的功能部件好办，但是整体的布局和外壳要重新做，这个时间有些紧。"

我思考了下说："这样，我去找外援，之前和咱们合作过的学空气动力和工业设计的那几位高手，我再请过来，老安你也辛苦下，支撑小陈完成这个OKR，保障咱们顺利签约，好不好？"

安阳憨憨一笑，看着张平、王程、李国问道："我这一两周是不打算回家，也不打算睡觉了，你们有问题没？"张平、王程、李国毫不犹豫地说："没问题！"

陈进激动地说："太好了，只要能按时拿出实物样机，咱们的合同就完成了九成，剩下的部分我来，老安辛苦啊！一会儿我先请大家吃饭，然后再去购置加班必需的物资。"

我说："好！咱们把这个OKR明确下，然后就开始干！要求一个月内首战告捷！"

目标（O）	关键结果（KRs）
一个月内实现销售成交	KR1：协调充实技术团队
	KR2：完成实物样机
	KR3：开展市场活动并签约销售订单

接下来的20天，大家都忙得如飞似箭，忙碌中一个个好消息接连不断地传来。先是我邀请的外援都及时到位；接着安阳他们团队拼命一般猛干，终于如期改好了产品样机；陈进也与合作方一起，按规划开展了宣传推广活动。活动非常成功，除了原有合作方，扩展了更多合作方，签下了大量的产品销售合同。

我和安阳、陈进，拿着合同计算了下，执行完这些合同，按现在的生产规模我们起码两年内不用为公司的开支发愁了，而且按这个发展态势，我们产品的方向也确实调整正确了。和大家沟通后，我们召开了团队全员会议。

我首先宣布："各位，我们成功签约了许多销售合同，刚刚核算了一下，按现在的生产规模我们起码两年内不太会为钱的事情发愁了！而且提升后的产品市场反响良好，这个方向我们找对了，公司不仅能存活下来，还会越来越好！这段时间大家都辛苦了，现在先定个小目标，放松一下、享受一下。"

"好！……"团队成员欢呼雀跃。

我接着说道："这个小目标的关键结果，一是从明天起公司放假三天，尤其是老安他们团队前段时间没日没夜地干活，好好回去补补觉。"

安阳笑着说："好的，是要歇歇了，这几个小伙子都累坏了。"

我说："对，要好好休息；二是小齐你订个饭店，今晚咱们一起吃一顿，犒劳下大家，我把几位外援也请来，老安你好好和人家喝点儿，他们也很辛苦。"

陈进抢着说："没问题，这个事情我和小齐一起，晚上喝酒我也好好敬敬几位，没有实物样机那些合作方才没这么痛快签约呢，人家帮了这么大忙得好好感谢下，今晚我和老安多喝点儿，晃哥你酒量不好意思下就行了。"

我点头说道："好的，能者多劳，这个你们多承担吧。三是我一会儿和负责财务的同事沟通下，咱们这次要发奖金，虽然只是收到了产品定金，但是大家这么辛苦怎么也要体现下。"

大家齐声喊好，齐兵在电脑上放出歌曲《我赚钱了》，我们用各种腔调唱起歌来。

短短的三天假期很快就过去了，我早早来到公司，发现陈进比我还早，正在电脑上敲敲打打，看到我马上打招呼："晃哥早啊！"

我笑着说："没你早，这就开始忙了？"

"嗯，这几天有新的合作方联系我，我把合同整理了下，这不是早点来，看看没问题就发给你把把关，尽快签下来，挣钱是最重要的事啊！"

"好的，没问题。"我正说着一眼看到安阳拖着旅行箱走了进来"这几天休假老安小陈你们俩不会是灵魂互换了吧？不爱碰电脑的小陈在这拼命敲键盘，骨灰宅男老安这个架势是要出差？"

安阳托了下眼镜笑着说："我倒是愿意换，可惜小陈才不会拿年轻帅气的身体便宜我，咱们的产品有了销量，工厂那边的生产规模我觉得还有很大提升空间，电话里说不太清楚，我准备去一趟。"

"原来是这样，票订好了？"我问到

"订了，下午的飞机，我还得和小李看个新功能模块，11点出发就行。"安阳说道。

"那正好，咱们一起去会议室，我规划了咱们新一期的OKR，大家确定下，调整好就分头执行吧。"我拉了一把陈进说道。

"晁哥原来你也没完全休假啊！"陈进笑着问。

"革命尚未成功，同志仍需努力啊！"我说道。

到了会议室，我在白板上写下新一期的OKR。

新一期OKR

目标（O）	关键结果（KRs）
成为持续为人们提供优质空气的企业	KR1：招人——专职的财务、人力资源人员，生产、质量、质检的技术人员，商务、市场人员，运输物流管理人员
	KR2：找钱——拓展合作方和销售资金回笼，同时启动融资计划
	KR3：找项目——能够带来收益和提升知名度的项目
	KR4：产品产量和质量保障

安阳看了一下这个OKR说："好啊，现在咱们产供销转起来了，人是重中之重，现在有了现金流、团队确实该扩充了。"

陈进问道："晁哥，三个关键结果我基本都理解并同意，不过现在咱们现金流很好，这个时候融资好吗？"

看到安阳也是一脸疑惑的表情，我说道："我们确实有了现金流，但是我测算了下，想要同时支撑人员增加、产品生产、销售扩张，还是很吃力的，如果有新资金进入，会宽裕很多，而且投资方投资金钱的同时也会带来自身的资源，用好了也是助力。最重要的是我们现在形势大好，锦上添花的人永远多于雪中送炭的人，现在融资相对容易。"

"哈哈，原来是这样，怪不得这几天有几个做投资的客户给我电话约喝咖啡呢。"陈进一下子明白过来。

"既然目标和关键结果大家都同意，那咱们就分配下任务吧。"我接着说道。

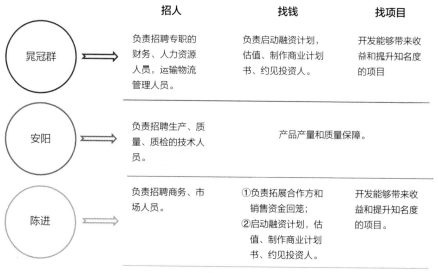

	招人	找钱	找项目
晁冠群	负责招聘专职的财务、人力资源人员，运输物流管理人员。	负责启动融资计划、估值、制作商业计划书、约见投资人。	开发能够带来收益和提升知名度的项目
安阳	负责招聘生产、质量、质检的技术人员。	产品产量和质量保障。	
陈进	负责招聘商务、市场人员。	①负责拓展合作方和销售资金回笼；②启动融资计划，估值、制作商业计划书、约见投资人。	开发能够带来收益和提升知名度的项目。

KR 责任到人

"好的！""没问题！"老安和小陈回答道。

我们走出会议室看着逐渐到来的团队成员，每个人都是开心的，眼中有火，心中有光。短短的几十天，公司转危为安，不容易啊。

半年后，新型空气净化器销售十分火爆，公司收入颇丰。这款产品确实成为很多人的生活必需品。

现状十分美好，但前进的路上也许还会出现各种问题，我们坚持应用OKR方法，一切问题都会迎刃而解。

A
PPENDIX

附　录

近几年，国内部分企业开始应用OKR方法进行管理，大多收效良好。作者参与的中标慧安信息技术股份有限公司（简称中标慧安）是其中的一家企业，该公司自2017年注册成立，产品研发与经营管理同步飞速发展，成为安全物联网行业头部企业。

中标慧安主要面向安全物联网市场，以自主可控技术为核心，提供基于国产基础架构（CPU/OS等）的国产化物联网平台及产品，为用户打造端到端的安全可控物联网系统解决方案。

公司是以研发和产品作为核心竞争力，已经推出"睿安""平安""深安"等物联网平台、边缘计算和前端产品。产品成果已申请并授权包括软件著作权、发明专利、实用新型专利、外观专利、集成电路布图设计在内的知识产权几十项。企业已经获得了"中关村高新技术企业""北京市高新技术企业"认证，通过了ISO9001和GJB9001C-2017质量管理体系认证。

产品系列概况

让物联网系统更加安全和高效：自主可控&安全&智能化。

产品特性

- 自主可控：基于国产芯片及操作系统打造各类型设备；无不可控后门风险并保证供应链可控。

- 安全：结合应用区块链安全技术、数据加密安全技术、网络攻防安全技术，多维度反应到设备级的安全防护。

- 智能化：基于深度学习算法的多种应用，包括人脸识别、智能化AIS船舶调度、仪器仪表数据智能识别应用、道路多源危险环境数据识别应用等。

系统构架

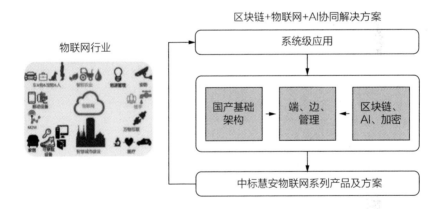

核心产品介绍

中标慧安核心产品"中标慧安安全可控物联网综合管理平台IS-MEST"，是基于中国电子麒麟软件有限公司的麒麟操作系统研制，兼容鲲鹏、飞腾、龙芯、兆芯等国产CPU，同时也支持传统X86架构，有效解决了物联网系统安全的底层架构问题，给用户的物联网系统提供了一个具有本质安全特性的智慧大脑。

IS-MEST作为物联网平台中心，是各子系统和各业务单元的总体控制中心，为子系统和各种设备的接入提供接口，同时又有集中管理和联动调节的功能。IS-MEST打通了协议通信问题，真正实现万物互联，各环节设备以平台为核心，兼容并蓄，解决了协议对接、设备对接的问题，使物联网的应用得以真正落地。

IS-MEST在国内率先实现了物联网系统的平台国产化，主要服务于政府、部队、军工、核、公安、能源、国家级研究院所等核心领域场景，保障业务物联设备和信息的安全。

产品特性：

- 安全底座：基于国产芯片及国产操作系统，集主控、转发、存储、管理等功能于一身，夯实基础，打造全国产自主可控物联网系统平台。

- 先进、灵活的系统构架：系统采用主流的C/S结合B/S构架，通过分布、级联等方式实现对设备的统一管理和对业务的有序调度，以及数据的直观展示。

- 基础功能：视频监控系统管理、门禁系统管理、考勤系统管理、巡更系统管理、访客系统管理、动环监控系统管理、停车场系统管理、可视对讲系统管理。

- 亮点功能：深度学习算法应用管理、安全的系统数据链路。

- 适用场景：适用于智慧军营、智慧边海防、智慧社区、党政军、金融、核、能源等高安全要地防范场所使用。

系统架构图

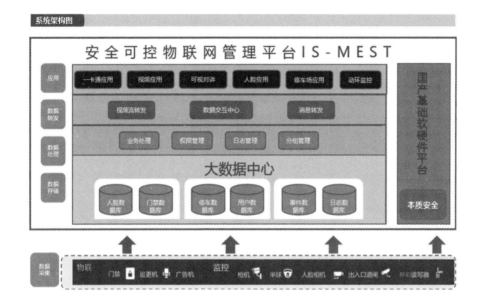

中标慧安以"打造安全可控物联网旗舰品牌、专注物联网安全解决方案"为价值导向，为把公司打造成安全物联网领军企业而奋斗！

中标慧安网址：http://www.csisecurity.com.cn/

联系方式：

北京市海淀区昆明湖南路51号中关村军民融合产业园A217

联系电话：010-88456286

企业微信公众号：中标慧安

致谢

从策划OKR书系，到完成本书我用了六年时间。其间得到了太多人的支持和帮助，以下排名不分先后，如果我不小心没有列出您，敬请原谅。

我要感谢朱艳、赵大星、田春玲多次用心地阅读手稿，你们的建议极大提高了整本书的质量。与此同时，感谢你们在工作中对我无微不至的照顾。

感谢沈彦文老师，您的教导是我语言文字能力的基础。

感谢兰雨晴老师，您耐心的教导是我管理思想的坚实基础。

感谢戴荣里老师，您坦诚中肯的建议支撑整个OKR书系内容上的提升。

尚会滨、王文虎、习永斌，谢谢你们周到细致的评论。

感谢晁月伟、晁岳德、晁怀伟、晁冠兰、晁一民、晁林、晁保心、晁海、晁代帅、晁夕、晁鹤鸣、晁在功、晁吉祥、晁储宝、晁国顺。家族和家人的关心和支持，陪伴我一路前行。

感谢我的朋友们：

成立、余丹、邓进、鲍玉鹏、赵清、杜洁、李现平、刘海鸥、王嘉、朱立宇、王有洪、李建伟、李超、纪一鹏、郭继华、王琦全、宋友、孔令依、熊健妃、王威、李德胜、吕宗智、杨寅、李文、孔凡维、周海清、周敏、孟玲玲、石娜丽、许福、于快、马晓辉、赵天宇、张迎、张译丹、石蕊、孟艳艳、王宁、廖圣洁、张昱东、郭红蕾、巴静宇、李松枝、肖宁、孔德政、李远、隋嵩、李希伦、刘宝忠、栗旭锦、王继荣。

感谢我优秀的团队，我的编辑们，以及我们的出版机构。

最后，向我的母校北京航空航天大学表达我的爱和感激。

晁冠群

2020年9月10日